BEI GRIN MACHT SICH IHR WISSEN BEZAHLT

- Wir veröffentlichen Ihre Hausarbeit, Bachelor- und Masterarbeit

- Ihr eigenes eBook und Buch - weltweit in allen wichtigen Shops

- Verdienen Sie an jedem Verkauf

Jetzt bei www.GRIN.com hochladen
und kostenlos publizieren

Bibliografische Information der Deutschen Nationalbibliothek:

Die Deutsche Bibliothek verzeichnet diese Publikation in der Deutschen National-
bibliografie; detaillierte bibliografische Daten sind im Internet über http://dnb.d-
nb.de/ abrufbar.

Impressum:

Copyright © 2016 GRIN Verlag, Open Publishing GmbH
Druck und Bindung: Books on Demand GmbH, Norderstedt Germany
ISBN: 9783668389267

Dieses Buch bei GRIN:

http://www.grin.com/de/e-book/351332/willenserklaerung-und-zustandekommen-
von-vertraegen-in-deutschland

Mike G.

Willenserklärung und Zustandekommen von Verträgen in Deutschland

Vorbereitung für das Schuldrechtsexamen mit "BGB Kompakt" von Wolfgang Däubler

GRIN Verlag

GRIN - Your knowledge has value

Der GRIN Verlag publiziert seit 1998 wissenschaftliche Arbeiten von Studenten, Hochschullehrern und anderen Akademikern als eBook und gedrucktes Buch. Die Verlagswebsite www.grin.com ist die ideale Plattform zur Veröffentlichung von Hausarbeiten, Abschlussarbeiten, wissenschaftlichen Aufsätzen, Dissertationen und Fachbüchern.

Besuchen Sie uns im Internet:

http://www.grin.com/

http://www.facebook.com/grincom

http://www.twitter.com/grin_com

BGB Kompakt von Wolfgang Däubler

Zusammenfassung der Kapitel 8 bis 12, 16

Zur Einführung in das BGB und die Anwendung dessen ist es oft von Vorteil sich mit der allgemeinen Rechtsprechung auseinanderzusetzen. Viele Autoren bieten Hilfestellungen in solchen Fragen an, darunter auch Herr Wolfgang Däubler in seinem Buch „BGB kompakt" (ISBN-13: 978-3423056939), welches zeitloses Wissen über die allgemeine Rechtsprechung, den richtigen Umgang mit dem BGB und die Anwendungen verschiedenster wichtiger Paragraphen vermittelt. Im Zuge der Vorbereitung für das Schuldrechtsexamen wurde diese Zusammenfassung der relevanten Kapitel 8, 12 und 16 erstellt sowie um einiges verlässliches Hintergrundwissen erweitert. Es dient dem vertiefenden Verständnis der Themen Willenserklärung und dem eigentlichen Zustandekommen von Verträgen im Alltag sowie im Sinne des Gesetzgebers.

- **Die Willenserklärung und ihre Bestandteile.**
  - Willenserklärung als Kundgabe eines Rechtsfolgewillens, private Willensäußerung, die auf eine Erzielung einer Rechtsfolge gerichtet ist.
  - Rechtlicher Effekt einer Willenserklärung tritt ein, weil ihn der Erklärende gewollt hat.
  - Zwei Voraussetzung für eine Willenserklärung.
    - Ein bestimmter Wille.
    - Eine Erklärung nach außen hin.

- **Der Wille.**
  - Drei aufeinander aufbauende Stufen.
    - **(1) Handlungswille**: Person muss handeln wollen und nicht nur irgendetwas sagen.
    - **(2) Erklärungsbewusstsein**: Erklärender muss die Vorstellung haben etwas Rechtliches bewirkt zu haben.
      - Anhalter mitnehmen ist Handlungswille, aber nicht Erklärungsbewusstsein, da keine Absicht irgendetwas bewirken zu wollen.
      - Auf dem Taxi steht „frei" geschrieben, als Taxifahrer nach Fahrt dennoch Geld verlangt muss Mitfahrer nicht zahlen, da fehlendes Erklärungsbewusstsein.
    - **(3) Geschäftswille**: Einen bestimmten Zustand verbindlich herbeiführen wollen, ob korrekte Folge aus den Taten oder nicht ist irrelevant.
  => Wille muss definitiv sein.
    - Fehler in den drei Stufen werden **Willensmängel** genannt.

- **Die Erklärung.**
  - Wille muss eindeutig erklärt werden.
    - Explizit, z.B. über Vertrag oder Absprache; nur einige Geschäfte sind an Formvorschriften gebunden.
    - Implizit // konkludent, d.h. Über getätigte Handlungen kann ein Dritter Rückschlüsse auf Willen schließen.
      - Am kalten Buffet einer Raststätte bedient, Ware auf das Fließband im Supermarkt gelegt.
    - Schweigen bedeutet nur in Ausnahmefällen den Abschluss eines Vertrages.
      - Vereinbarung eines Widerspruchs, wenn Geschäft nicht zustande kommen soll.
    - **Regelfall bzgl. Schweigen**: „Wer passiv bleibt, erklärt grundsätzlich nichts".
      - Wer Waren empfängt, welche er nicht bestellt hat und diese einfach liegen lässt (also nicht zurück schickt oder Fehler meldet), der hat dieses „Angebot" nicht angenommen (§ 241 a).
    - Wird ein Computer derlei programmiert, dass er Willenserklärungen abgeben kann, so stellt dies eine wirksame Willenserklärung des Inhabers des Computers dar.

→ „Verhalten" der Computer liegt der Programmierung durch Menschen zugrunde.

- **Empfangsbedürftige und nichtempfangsbedürftige Willenserklärungen.**
  - Normalerweise werden Willenserklärungen gegenseitig abgegeben, z.b. beim Abschluss eines Kaufvertrages im Supermarkt oder eines Arbeitsvertrags nach einem Bewerbungsgesprächs.
  - Einige Willenserklärungen (Rechnungen, Mahnungen) sind dagegen aber empfangsbedürftig, sie werden erst wirksam wenn sie dem Empfänger zugehen (§ 130).
  - Sonderfall wenn Bote oder Stellvertreter die Willenserklärung entgegen nimmt.
  - Zugang über **Briefe und andere gedruckte Nachrichtenträger.**
    - Wenn Briefträger den Empfänger nicht angetroffen hat und einen Benachrichtigungszettel im Briefkasten hinterlässt, dann gilt Willenserklärung nicht als zugegangen, da Empfänger keine Möglichkeit hat jederzeit auf Brief zuzugreifen (wenn z.b. Poststelle geschlossen hat).
→ Wann man damit rechnen kann, dass Brief bei Post abgeholt wurde, ist situativ und entscheidet der Richter.
    - Einwurf-Einschreiben gilt dagegen als Zugang, da Briefträger das Einwerfen des Briefes „als Zeuge" dokumentiert.
  - Zugang über **Fax und e-Mail.**
    - Ist das Faxgerät oder Mail-Server fehlerhaft, muss dies dem Absender bekannt sein, damit Zugang nicht erfolgt.
    - Ist es Absender nicht bekannt, dann ist Willenserklärung zugegangen, da Reparatur dieser Probleme im Risikobereich des Empfängers liegt.
  - Zugangsproblematik gilt auch für Erklärungen, welche gegenüber einer Behörde abzugeben sind (§ 130 Abs. 3).
  - Nachtbriefkästen der Behörden haben eine Klappe, welche um Punkt 24 Uhr umschlägt, sodass Behörden genau sehen, welche Briefe vor und welche nach Mitternacht eingegangen sind.
→ Wenn Brief abgegeben werden muss, dann bis kurz vor Mitternacht Zeit dafür, auch wenn zwischen Mitternacht und 6 Uhr niemand nachschaut, kann Behörde doch erkennen ob Brief rechtzeitig eingegangen ist.
  - Erklärender muss grundsätzlich immer beweisen, dass Zugang erfolgt ist.
  - Einwurf-Einschreiben oder Gerichtsvollzieher (gemäß § 132) als beste Möglichkeit.

- **Willenserklärungen unter Anwesenden.**
  - Wenn Willenserklärung dem Empfänger direkt übergeben wird, dann gilt diese als zugegangen, irrelevant ob Empfänger diese gelesen hat oder nicht.
  - Mündliche oder konkludente Willenserklärungen müssen gehört / wahrgenommen (**Vernehmungstheorie**), nicht unbedingt verstanden werden (wenn Umstände nicht auf Missverständnis verweisen).

- **Schwer verständliche Erklärungen.**
  - Für Willenserklärung gegenüber einem Ausländer, welcher kein deutsch versteht, gelten andere Regelungen.
    - (1) Schriftliche Erklärungen: Zugang nach § 130 erst, wenn verständliche Übersetzung zugegangen ist.
    - (2) Mündliche Erklärungen: Dolmetscher muss hinzugezogen werden, ansonsten ist Rechtsfolge ungültig.
  - Verständigungsprobleme können auch entstehen, wenn Fachbegriffe verwendet werden.
  - Erklärender muss Empfänger die Möglichkeit einräumen bei Verständnisproblemen eine verständliche Erklärung fordern zu können.
  - Wenn Empfänger nicht auf Willenserklärung reagiert hat, da er diese nicht als solche wahrgenommen hat, wird er nicht geschützt.

- **Willenserklärung und Empfängerperspektive.**
  - Verständnishorizont des Empfängers ist für Auslegung sehr bedeutend, kann unter Umständen auch zu Vertragsfiktion führen.

- **Problem der Auslegung.**
  - § 133: Willenserklärung muss gemäß beabsichtigtem Willen erforschen, nicht genaue Wortformulierung.
  - § 157: Auslegung von Verträgen gemäß Treu und Glauben mit Rücksicht auf Verkehrssitte.
  => § 133 will eigentlichen Willen erforschen, § 157 beruft sich auf objektive Größe.
  - § 133 bezieht sich zwar auf Willenserklärungen und § 157 nur auf Verträge, jedoch kommen Verträge durch zwei korrespondierenden, übereinstimmenden Willenserklärungen zustande.

- **Auslegung allein nach dem Willen des Erklärenden.**
  - Willenserklärungen, welche nicht an andere gerichtet sind (z.b. Testament), werden nur gemäß dem beabsichtigten Willen ausgelegt.
  - Wenn sich beide Parteien über Vertragsgegenstand einig sind, dieser im Vertrag aber falsch bezeichnet wurde, dann gilt es trotzdem.
  - Auch wenn sich nur eine Partei mit der Bezeichnung geirrt hat, aber die andere weiß worum es sich handelt.
  → *„Falsa demonstratio non nocet"* (Falschbezeichnung schadet nicht).

- **Auslegung aus Sicht des Empfängers.**
  - Wenn eine Willenserklärung an andere gerichtet ist, gilt der objektive Empfängerhorizont.
  - Vertragsschutz potentieller Vertragspartner, da nach objektiv verständlichem Willen gefragt wird und nicht länger nach dem intendierten.
  → Empfänger soll auf dem Inhalt einer vermeintliche Willenserklärung vertrauen können.
  - Erklärender besitzt das Recht zur Anfechtung nach §§ 119 i.V.m. 142, muss aber gemäß § 122 Schadensersatz leisten, da Fehler in seiner Sphäre lag.

- **Willenserklärung kraft Vertrauensschutzes?**
  - Problem an § 157 ist, dass **Geschäftswille** des Erklärenden nicht vorlag, bzw. ein anderer als im Vertrag festgehalten.
  - Absicherung durch § 119, mit welchem die (mangelhaften und deshalb anfechtbaren) Rechtsfolgen zustande gekommen sind, aufgelöst werden kann.
  - Würde Gesetzgeber fehlenden Geschäftswillen eindeutig erkennen können, dann wäre § 119 unnötig, ist er aber nicht.
  - Im Falle der Trierer Weinversteigerung fehlt zusätzlich zum Geschäftswillen auch das **Erklärungsbewusstsein**.
  - Kaufvertrag kommt aber zustande, da mit erforderlicher Sorgfalt erkennen werden könnte, dass das Heben der Hand bei einer Versteigerung als konkludentes Verhalten ausgelegt werden könnte.
  - Grenze liegt bei **„untergeschobenen" Erklärungstatbeständen**.
  - Wenn ein Gast falsche Speisekarten in ein Restaurant bringt, dann muss Besitzer diese Speisen auch nicht zu diesen Preisen verkaufen.
  - Wird das **Fehlen des Erklärungsbewusstseins** vom Empfänger erkannt (Ausländer, welcher die deutschen Sitten / Sprache nicht kennt) oder hätte erkannt werden können, kommt kein wirksamer Vertrag zustande.

3

- **Fingierte Willenserklärungen – Schweigen als Rechtsgeschäft.**
  - Drei Fälle, in welchen der Gesetzgeber Schweigen als ausdrückliche Willenserklärung ansieht.
    - (1) Geht einem Kaufmann ein Auftrag zu, muss er explizit ablehnen (§ 362 Abs. 1 Satz 1 HGB).
    - (2) Bestätigungsschreiben zwischen Vertragsparteien müssen verworfen werden, andernfalls gilt der Inhalt, welcher nicht unbedingt den (mündlichen) Absprachen entspricht.
      - Gilt nicht, wenn eine Vertragspartei vorsätzlich den Inhalt des Bestätigungsschreibens verändert.
    - (3) Bei Werkverträgen (§ 632) oder Arbeits- und Dienstverträgen (§ 612) gilt Vergütung als stillschweigend vereinbart, wenn unter normalen Umständen mit einer Vergütung zu rechnen ist.
  - => § 119 gilt nicht, da andere Vertragspartei auf Existenz einer Annahmeerklärung vertrauen hätte dürfen.
  - => Regelfall bleibt aber weiterhin bestehen: „Wer schweigt erklärt grundsätzlich nichts".
    - **Widersprüchliche Willenserklärungen** (Kreuz hinter „Ich bestelle" sowie hinter „Ich bestelle nicht") sind nichtig.
    - Versenden beide Vertragsparteien jeweils andere Bestätigungsschreiben und lehnen diese nicht ab, so ist ein Vertrag über eigentlich mündlich Vereinbartes zustande gekommen.

- **Beispielfall 1.**
  - Vier Nachbarn bestellen üblicherweise ihr Heizöl gemeinsam um Mengenrabatt zu erhalten. A kümmert sich um die Bestellungen beim Lieferanten, feiert dieses Jahr allerdings gleichzeitig seinen 60.Geburtstag. Es geht die Grußkarte sowie das Bestellformular herum. D hat noch genügend Heizöl und möchte lediglich die Grußkarte unterschreiben, hat aber auf dem Formular unterschrieben. Fehler wird erst bemerkt, als Lieferant mit Heizöl vor Ds Wohnung steht. **Ist D vertraglich gebunden?**

- **Beispielfall 2.**
  - M wohnt zur Miete in einem Einfamilienhaus, besitzt aber keinen Briefkasten, da Briefverkehr über dessen Firma abgewickelt wird. Vermieter V legt Kündigungsschreiben deshalb vor die, von der Straße aus gut sichtbare Eingangstür und legt einen Stein darauf. Nach drei Wochen ist M immer noch nicht ausgezogen, da er behauptet kein Kündigungsschreiben erhalten zu haben. V dagegen hat aber 2 Zeugen, welche das Ablegen des Briefes vor der Haustür gesehen haben. **Ist die Willenserklärung zugegangen?**

- **Willensmängel – Überblick.**
  - **Fehler** bei der Abgabe von Willenserklärungen sind in §§ 116 bis 124 geregelt, alle anderen Fälle werden auf Ähnlichkeiten hin untersucht oder eigenständige Lösungen entwickelt.
  - (1) **Willensvorbehalte** (§§ 116 bis 118) entstehen, wenn bewusst eine Willenserklärung abgegeben wurde, ohne die Rechtsfolge zu wollen; wichtigste Ausnahme bildet das Scheingeschäft.
  - (2) **Fehlerhafter Geschäftswille** entsteht wenn mit abgegebener Willenserklärung eigentlich eine andere Rechtsfolge erhofft / erwartet wurde; diese Irrtumsfälle werden in § 119 geregelt.
  - (3) **Betrugsfälle** entstehen, wenn eine Vertragspartei von der anderen bewusst (= arglistig) getäuscht wurde.
  - (4) Willensbildungen unter **Androhung empfindlicher Übel** werden wie Betrugsfälle in § 123 geregelt.
  - (5) **Fehlender Handlungswille** bei Willenserklärungen oder **Zugang** von Willenserklärungen **ohne Anlass.**

4

- **Dissens** (zwei übereinstimmende, aber nicht korrespondierende Willenserklärungen).
- **Drei verschiedene Fälle der Willensvorbehalte.**
  - **(1) Geheimer Vorbehalt.**
    - § 116 Satz 1: Verheimlichen von Informationen macht Vertrag nicht nichtig, nur Vorenthaltung (Verletzung der Informationspflichten).
    - § 116 Satz 2: Wenn der Empfänger den geheimen Vorbehalt kennt, dann wird Vertrag nichtig.
  - **(2) Scherzerklärung.**
    - § 118: Willenserklärungen, welche scherzhaft ausgesprochen wurden, sind nichtig, sofern dies er Erklärende beweisen kann (und der Richter den Beweis anerkennt).
  - **(3) Scheingeschäft.**
    - Scheingeschäfte kommen zustande, wenn sich beide Vertragsparteien einig sind einen Vertrag zum Schaden / zur Täuschung eines Dritten abzuschließen.
    - § 117 Abs. 1: Scheinerklärungen sind nichtig.
    - § 117 Abs. 2: Verstecktes Rechtsgeschäft ist nicht nichtig, muss lediglich den dafür vorgesehenen Pflichten unterworfen werden (Steuern, Formvorschriften etc.).
  - → Gleiche Vorgehensweise wie bei Falschbezeichnung.
    - Strohmanngeschäfte sind keine Scheingeschäfte und rechtlich gar nicht verwerflich, sofern Dritten nicht geschadet wird.

- **Irrtum.**
  - § 119 Abs. 1 erlaubt zwei Arten von Irrtümern für eine Anfechtung.
  - **(1) Erklärungsirrtum oder Irrung.**
    - Wille wurde nicht korrekt niedergeschrieben bzw. übermittelt („verschreiben" oder „vertippen").
    - Praktisches Beispiel ist das unabsichtliche, unbemerkte Hinzufügen einer 0 an eine Bestellmenge.
  - → Gleiches gilt, wenn Boten falsche Nachricht übermitteln oder Softwareprobleme ein anderes Angebot anzeigen lassen.
  - **(2) Inhaltsirrtum.**
    - Erklärender hat mit anderer Rechtsfolge gerechnet als es der objektive Sinn hergibt.
    - Gilt für alle Vertragstypen sowie bei Verträgen mit „falschen" Personen.
  - **Motivirrtum.**
    - **Unbeachtlichkeit** ist kein Grund für § 119, da ansonsten jede Willenserklärung angefochten werden könnte (Wahrheit stellt sich immer etwas anders dar als erhofft).
  - → Schutz der Verlässlichkeit geschäftlicher Beziehungen.
    - §119 Abs. 2 erlaubt Anfechtung bei Irrtum über Eigenschaften der Person oder Sache, die im Verkehr als wesentlich erachtet werden.
    - Verkehrswesentliche Eigenschaft: Entweder Umstände, welche sich auf das Rechtsgeschäft beziehen oder Umstände, welche sich unmittelbar auf die Sache beziehen.
    - Verkehrswesentliche Eigenschaften eines Handwerkers sind die Kenntnis seines Handwerks, nicht aber seine politischen oder religiösen Ansichten.
  - → Rechtsprechung ist sich uneinig, aber erste Variante schränkt Möglichkeiten des Irrenden ein.
    - Objekt der Fehlvorstellung muss nicht zwangsläufig eine Sache oder Person sein, auch Irrtum über Vermögensmassen möglich.
  - **Anwendungsmöglichkeiten ohne rechtliche Bedeutung.**
    - Wenn mit dem Geschäft verbundene Erwartungen nicht erfüllt wurden (Geschenk weckte keine Begeisterung).
    - Wer sein Erbe aus DDR ausgeschlagen hat und nach 1989 wieder zurückfordern wollte.
    - Irrtümer über den Wert wird nicht anerkannt, da Wert keine Eigenschaft der Sache, sondern lediglich die Bewertung der Sache durch den Markt ist.

- Wertbildende Faktoren wie z.B. Echtheit eines Gemäldes werden dagegen schon einbezogen.
  - Geschäfte mit spekulativem Einschlag (Aktienhandel) sind generell von der Anfechtungsmöglichkeit ausgeschlossen.
  - **Problematischere Fälle.**
  - **(1) Rechtsfolgeirrtum.**
    - Sind Rechtsfolgen Vertragsinhalt gewesen, dann könnte angefochten werden, wenn diese nicht eingetreten sind.
    - Rechtsfolgeirrtum ist beachtlich, wenn dieser die unmittelbare Hauptwirkung einer Erklärung betreffe.
→ Belohnung desjenigen, welche möglichst viele Rechtsfolgen in seine Erklärung aufnimmt.
  - **(2) Kalkulationsirrtum.**
    - ***Innerer Kalkulationsirrtum***: Erklärender übermittelt einen falschen Verkaufspreis, dann darf Empfänger davon ausgehen, dass dieser stimmt.
    - ***Externer Kalkulationsirrtum***: Wird Empfänger eine Verkaufspreisliste übermittelt, deren ausgerechnete Summe falsch berechnet wurde, dann gilt die richtige Summe.
      - Wenn sowohl Einzelpreise als auch Gesamtpreis ausgewiesen sind, jene aber nicht übereinstimmen, so kommt keine Willenserklärung zustande.
  - **Sonderfall: Gemeinsamer Motivirrtum.**
    - § 779 Abs. 1: Entspricht Inhalt des Vertrages nicht der Wirklichkeit (und wäre bei Kenntnis kein Rechtsstreit oder Ungewissheit entstanden), ist Vertrag unwirksam.
    - Ab 2002 § 313 Abs. 2: Geschäftsgrundlage fällt weg, wenn wesentliche Vorstellung über den Vertrag sich als falsch herausstellt.
      - Anpassung des Vertrages, wenn einem Vertragspartner das Festhalten am unveränderten Vertrag nicht zumutbar ist.
→ Anpassung unmöglich, dann darf Partei vom Vertrag zurücktreten.
      - Beispiel: In Rubel ausgezahltes Darlehen soll in Mark zurückgezahlt werden, beide Parteien legen aber einen unterschiedlichen Wechselkurs an. Da sich beide aber am richtigen Wechselkurs orientieren sollten, wird Vertrag angepasst.
      - Vertragliche und gesetzliche Risikoverteilung muss ebenfalls berücksichtigt werden.
      - Beispiel: Fußballspieler wird für viel Geld eingekauft und wenig später für 5 Jahre gesperrt wegen Doping im Vorgängerverein. Wenn beide Parteien davon nichts gewusst hätten, müsste erster Verein dem zweiten den Kaufpreis erstatten.

- **Die Anfechtung.**
  - Sofern Voraussetzungen in §§ 119 oder 120 erfüllt sind, darf Irrender Vertrag anfechten.
  - Irrender besitzt ein Gestaltungsrecht: Kann sich Vertrag trotz Irrtum beugen oder seine Bindung nachträglich beseitigen.
  - In Praxis Anfechtung eher unbedeutend, da Unternehmen Verhältnis zu Kunden oder Partnern nicht einschränken wollen und weil beweisen eines Irrtums sehr schwierig ist.
  - § 143: Anfechtung muss gegenüber dem anderen Vertragspartner deutlich gemacht werden, dafür muss das Wort „Anfechtung" nicht fallen, lediglich der Wille muss deutlich werden.
  - Anfechtung muss „ohne schuldhaftes Verzögern" erfolgen, Irrender hat aber angemessene Überlegungsfrist (Obergrenze ca. 2 Wochen).
→ Irrtum kann jederzeit plakatiert werden, spätestens aber nach 10 Jahren (§ 121 Abs. 2).
  - Nach § 144 kann der Irrende Vertrag bestätigen, wenn er Irrtum ertragen möchte.
  - § 142 Abs. 1 enthält eine Rückwirkungsfiktion und terminiert den gesamten Vertrag „ex tunc", macht ihn also von Beginn an unwirksam, als hätte nie ein Vertrag bestanden.
  - Beim Erklärungsirrtum kann die andere Seite das vom Irrenden Gewollte nachträglich akzeptieren.

- § 122 verpflichtet Anfechtenden dazu den Schaden zu ersetzen, welchen der Empfänger erlitten hat, da er auf die Wirksamkeit der Willenserklärung vertraut hatte (negatives Interesse // Vertrauensschaden).
  - **Zwei wichtige Grenzen des Vertrauensschadens nach § 122.**
  - Der Empfänger darf nach Vertragstermination nicht besser dar stehen als vor Vertragsabschluss (wenn ein Vertragsabschluss mit einem Dritten mehr Geld gebracht hätte, darf Differenz nicht der Irrende tragen).
  - Kein Leisten eines Vertrauensschadens, wenn Empfänger vom Irrtum gewusst hatte und Vertrag trotzdem abgeschlossen hat.

- **Arglistige Täuschung.**
  - § 123 erlaubt Anfechtung von Verträgen, welche aufgrund von vorsätzlicher Täuschung abgeschlossen wurden.
  - Drei wichtige Begriffe werden im Gesetzestext angesprochen.
  - **(1) Täuschung.**
    - Bewusstes, vorsätzliches Erregen eines „Irrtums" einem anderen gegenüber.
      - Voraussetzung ist das Vorspielen oder Verzerren von Tatsachen, subjektive Werturteil und Übertreibungen (wie in der Werbung) reichen nicht aus.
=> Obwohl wenig sachkundiger Verbraucher „getäuscht" wurde, gilt §123 nicht.
→ Seit Schuldrechtsmodernisierung stellt Abweichung von Werbeaussagen u.U. Einen Sachmangel dar.
    - Täuschung bedeutet auch Fehlvorstellungen des Vertragspartners nicht zu berichtigen.
      - Hauskäufer darf damit rechnen, dass Haus mit Baugenehmigung gebaut wurde und nicht vom Abriss bedroht ist; wenn das nicht der Fall, muss Verkäufer diesen darüber informieren.
  - **(2) Arglist.**
    - Arglistige Täuschung soll einen anderen dazu veranlassen eine Willenserklärung abzugeben.
→ Annahme des Täuschenden, dass seine Aussage eine gewisse Folge bedeutet, reicht aus.
  - **(3) Kausalität.**
    - Täuschung muss effektiv zur Abgabe einer Willenserklärung geführt haben und nicht nur vom Täuscher intendiert worden sein.
  - Anfechtung bei arglistiger Täuschung verhält sich ähnlich zu jener aus Irrtum.
  - Unterschied ist Überlegungsfrist von einem Jahr nach Kenntnisnahme (§ 124), 10 Jahresobergrenze besteht aber weiterhin (§ 121).
  - Schadensersatz ist nicht zu leisten, im Gegenteil, der Getäuschte kann (z.B. gemäß § 826) Vertrauensschaden verlangen.

- **Täuschung durch Dritte.**
  - Bei Täuschung durch Dritte Anfechtung nur, wenn Adressat die Täuschung kannte oder kennen musste.
  - Empfänger bleibt geschützt, Vertrag bleibt bestehen, sofern nicht nach § 119 zu anfechten gewollt.
  - **Dritter** sind alle Personen, welche nicht im Interesse einer Vertragspartei handeln (nicht Familienmitglied oder Freund).

- **Widerrechtliche Drohung.**
  - § 123 Abs. 1 Anfechtungsgrund ist ebenfalls eine Drohung zur Abgabe einer Willenserklärung.
  - Dazu sind zwei Begriffe relevant.
  - **(1) Die Drohung.**

- Drohung ist ein Übel, welches einem anderen in Aussicht gestellt wird und der Drohende herbeiführen kann (Androhung körperlichen Schadens).
- Warnung ist eine Ankündigung eines vorhersehbaren Übels, welches nichts mit dem Aussprechenden zu tun hat (folgende Anzeige wegen Fehlverhalten).
→ Irrelevant wer der Drohende ist, selbst ein Dritter kann drohen.
- **(2) Widerrechtlichkeit.**
- (a) Angedrohtes oder effektiv eingesetztes Mittel muss rechtswidrig sein (körperlicher Schaden).
- (b) Drohung ist auch widerrechtlich, wenn selbst nicht in Vertrag involviert.
- (c) Ziel der Aktion ist rechtswidrig, nicht das Mittel.
- (d) Verknüpfung von rechtmäßigem Mittel und verfolgtem Zweck kann von Rechtsordnung nicht hingenommen werden.
  - Schulder begeht Fahrerflucht und Gläubiger droht mit Strafanzeige wenn Darlehn nicht sofort zurückgezahlt wird; sowohl Mittel als auch verfolgter Zweck sind legitim, aber Verknüpfung beider nicht.
- Drohungen sind nur dann legitim, wenn Drohender ein berechtigtes Interesse hat und Drohung nach Treu und Glauben ein angemessenes Mittel zur Erreichung dieses Ziels anzusehen ist.
- Im Verkehrsunfall Geschädigter will Schaden schnell und unbürokratisch beseitigen, sonst droht er mit Strafanzeige.
- Kausalität zwischen Drohung und Abgabe der Willenserklärung muss nachweisbar sein.
- Für Schadensersatz und Anfechtungserklärung gelten selbige Grundsätze wie bei arglistiger Täuschung.

- **Fehlende Voraussetzungen einer Willenserklärung.**
- Bei **fehlendem Handlungswillen** (Hypnose oder Schlafwandeln) kommt kein Vertrag zustande.
- Bei **fehlendem Erklärungsbewusstsein** aber Fahrlässigkeit kann zustande gekommener Vertrag angefochten werden (siehe Trierer Weinversteigerungsfall oben).
- **Willenserklärung** die **ohne Willen** einem anderen zugegangen ist, kann ebenfalls wegen Irrtum angefochten werden.
- Objektiver Empfängerhorizont bestätigt Vorliegen eines Vertrages.
- Wenn Dritter Willenserklärung abschickt um Erklärenden vorsätzlich zu schaden, kann nach § 123 wie Drohung angefochten werden.

- **Sonderregeln für Organisationsverträge und Arbeitsverhältnisse.**
- Bei Gründung einer juristischen Person, wobei Willensmängel aufgetreten sind regeln §§ 275-277 AktG und 75-77 GmbHG die Situation.
- Zum Schutz der Wirtschaft gilt § 142 nicht, nach oben genannten Paragraphen dürfen nur Satzungsmängel angeklagt und verändert werden.
- Willensmängel bei Personengesellschaften oder nach Antritt eines Arbeitsverhältnisses können nur ex nunc und nicht ex tunc aufgelöst werden.

- **Beispielfall 1.**
- K will in einem Möbelhaus einen Tisch kaufen, welchen der Verkäufer fälschlicherweise 15% günstiger ausgibt, weil er auf eine alte Preisliste schaute. An der Kasse fällt der Irrtum auf und der Inhaber will zum „regulären" Preis verkaufen. **Mit Recht?**
- **Beispielfall 2.**
- Ehemann M benötigt für seine neugegründete Firma einen Kredit in Höhe von € 50.000. Bank verlangt aber Sicherheiten und fertigt Bürgschaftserklärung für Ehefrau an. Ehemann erklärt dieser, dass Bank aus Sympathie mit Neugründern Darlehn erst nach 10 Jahren zurückverlange und die Bürgschaft harmlos sei. Ehefrau F unterschreibt den Vertrag ungelesen. Sechs Monate

später kommt Ehemann in Zahlungsschwierigkeiten und Bank möchte von F die Bürgschaft einfordern. **Zu Recht?**

- **Fehlende Geschäftsfähigkeit.**
  - Abschluss von Rechtsfolgen setzen gewisse Mindestanforderungen am Willen des Einzelnen voraus.
  - Frage nach den Willensmängeln wurde oben geklärt.
  - Frage nach der Geschäftsfähigkeit, der Fähigkeit, durch eigenes tun Rechte erwerben und Verpflichtungen eingehen zu können.
  - Jede natürliche Person ist in der Lage Willenserklärungen abzugeben, jedoch spricht BGB dieses Recht Minderjährigen und geistig Gestörten ab.
  - Unterscheidung in *„geschäftsunfähige Personen"* (Willenserklärungen sind grundsätzlich nichtig) und Personen mit *„beschränkter Geschäftsfähigkeit"* (bedürfen dem Einverständnis der gesetzlichen / rechtlichen Vertreter).
  => Beide Personengruppen werden in äußerst strikter Weise geschützt.
  → Nicht nach individuellen Umständen gefragt und kein Vertrauensschutz der Vertragspartner gewährt.
  - Zur Geschäftsfähigkeit werden auch sogenannte Betreuer miteinbezogen, welche Willenserklärungen zustimmen müssen.

- **Geschäftsunfähigkeit.**
  - Nach § 104 gibt es drei verschiedene Fälle der Geschäftsunfähigkeit.
  - (1) Alle Kinder, welche das 7. Lebensjahr noch nicht vollendet haben.
    - Endet am 7. Geburtstag um genau 0:00.
  - (2) Alle Personen mit einer krankhaften Störung der Geistestätigkeit, welche nicht vorübergehend ist und die freie Willensbildung unmöglich macht.
  → Im Streitfall wird ein Sachverständigengutachten eingeholt.
    - **Iucida intervalla**: Personen, deren Krankheitszustand Schwankungen unterworfen ist, können in gewissen Momenten durchaus gültige Willenserklärungen abgeben.
  - (3) Partielle Geschäftsunfähigkeit für einige konkrete Angelegenheiten, welche der Richter bestimmt.
  - Angelegenheiten, welche die eigenen Willenserklärungen nichtig machen.
  - **Blackout**: Schock über eine gewisse Sache geht mit vergessen eines Termins einher.
  - **Querulantenwahn**: Personen, welche unter Verfolgungswahn leiden, würden Gerichtsverfahren mit Flucht unnötig hinauszögern, deshalb direkt benachteiligt.
  - **Krankhafte Spielsucht**: Keine wirksamen Verträge mit der staatlichen Spielbank abschließbar.
  - **Überforderung durch Kompliziertheit einer Angelegenheit**: Handlungs- oder Erklärungswille der Willenserklärung fragwürdig.
  - Börsentermingeschäfte: Jeder nicht-Kaufmann darf damit handeln, wenn notwendigen Informationen erhalten; wenn nicht, dann bleibt Kaufvertrag bestehen, aber Banken können wegen Verletzung der Aufklärungspflichten schadensersatzpflichtig werden.

- **Rechtsfolgen.**
  - Willenserklärungen von Geschäftsunfähigen Personen sind nach § 105 Abs. 1 nichtig, Rechtsfähigkeit ist dadurch nicht eingeschränkt.
  - Zugang von Willenserklärungen an einen Geschäftsunfähigen nach § 131 Abs. 1 nicht wirksam, müssen an den gesetzlichen Vertreter gerichtet werden.

- **Vorübergehende Störung der Geistestätigkeit.**
  - Nach § 105 Abs. 2 führen auch vorübergehende Störungen der Geistestätigkeit (schwere Trunkenheit, Drogenkonsum, Fieberdelirium) zur Nichtigkeit aller abgegebenen Willenserklärungen.
  → Voraussetzung ist, dass die freie Willensbildung eingeschränkt gewesen ist.
  => Paragraph hilft nur in wirklichen Extremfällen, allgemein verbreitet erst ab 3‰.
  - „Bewusstlosigkeit" meint keine im medizinischen Sinne (da sonst Handlungswille fehlt), sondern eher Zustand der hochgradigen Bewusstseinstrübung.
  - Willenserklärungen können trotz den in § 105 Abs. 2 genannten Störungen zugehen.

- **Vertrauensschutz des Geschäftspartners.**
  - Vertragsschutz findet keine Anwendung, wenn eine geschäftsunfähige Vertragspartei für geschäftsfähig gehalten wurde.
  → Möglichkeit, dass erbrachte Leistung nicht mehr zurückerhalten wird oder Gegenleistung erbracht wird, da Vertrag ex tunc beendet wird.
  - Beispiel: Geisteskranker hat Luxusauto mit ungedecktem Scheck bezahlt; Verkäufer kann nach bemerken des Fehlers nach § 105 Abs. 1 Auto zurückfordern, aber wenn bereits kaputt dann hilft ihm das nichts.
  - Banken haben versucht sich gegen nicht-ersichtliche Geschäftsunfähigkeit in ihren AGBs abzusichern, Bundesgerichtshof hat aber entschieden, dass sich Banken nicht vor dieser Regelung ausnehmen dürfen.

- **Wirksamkeit begünstigter Rechtsgeschäfte.**
  - Nach § 105 Abs. 1 dürfen sich Geschäftsunfähige an Errichtung einer Handelsgesellschaft beteiligen, erhalten dadurch nur Privilegien und keine Pflichten.
  - Bei Schenkungen dagegen darf der Geschäftsunfähige nicht frei darüber entscheiden.

- **Wirksamkeit von Geschäften des täglichen Lebens.**
  - Zur Integration von behinderten Erwachsenen wurde § 105a erlassen, welcher Wirksamkeit von einigen gewissen Vertragsarten bestimmt.
    - (1) Geschäfte des täglichen Lebens (Lebensmittel, Zeitungskauf).
    - (2) Geringer Wert der Waren, keine Luxusgegenstände oder Einkäufe in großen Quantitäten.
    - (3) Leistung muss bewirkt werden, also bar bezahlt werden.
  - Ausnahme bildet § 105a Satz 2, welcher z.B. Alkoholsüchtige vor Kauf von Alkohol schützt sowie das Vermögen von Geschäftsunfähigen.
  - Zustande kommender Vertrag ist aber nur „in Ansehung der Leistung" wirksam.
  - Nur Geschäftsunfähiger hat das Recht anzufechten, Gewährleistungsansprüche geltend zu machen oder Entgelt zu verlangen.
  - Knobelfrage: Geschäftsunfähiger bietet demjenigen 10€, welcher seine entlaufene Katze findet.
    - Keine Einigung über Frage; Anpassung der Geschäftsunfähigen ins normale Leben und Nichtbenachteiligung legen aber Abschluss eines Vertrages nahe.

- **Beschränkte Geschäftsfähigkeit.**
  - Minderjährige zwischen 7 und 18 Jahren sind nur beschränkt geschäftsfähig (§ 106).
  - Beschränkt Geschäftsfähige dürfen alle jene Willenserklärungen abgeben, welche ihnen lediglich rechtliche Vorteile bringen (§ 107).
  - Wird Willenserklärung dennoch abgegeben, muss gesetzlicher Vertreter vorher einwilligen (§ 183 Satz 1) oder nachträglich genehmigen (§ 184 Abs. 1).
  → Bis zur Genehmigung ist Vertrag schwebend unwirksam.
  - Erwachsene Personen können nicht beschränkt geschäftsfähig sein, selbst mit geistigen Störungen (dann geschäftsunfähig, s.o.).

- § 1896 Abs. 1 erlaubt das Bestellen eines Betreuers, wenn Erwachsener wegen Krankheit oder Behinderung nicht in der Lage ist seine Angelegenheiten selbst zu besorgen.
- Vormundschaftsgerichte können entscheiden ob Betreuer nach § 1903 Einwilligungsvorbehalt erhält, dann gilt sozusagen beschränkte Geschäftsfähigkeit.

- **Verträge, durch welche der Minderjährige lediglich rechtliche Vorteile erhält.**
  - § 107 beruft sich nicht auf wirtschaftlichen Gewinn, sondern rechtlichen Vorteil.
  - Zusätzliches Sparbuch oder größeres Wertpapierdepot muss auch die Rechte des Minderjährigen erhöhen und nicht nur sein Vermögen aufbessern.
  → Streit um wirtschaftliche Vorteilhaftigkeit von Geschäften soll verhindert werden.
  - Rechtlich nicht vorteilhaft ist jedes Geschäft, welches dem Minderjährigen Pflichten auferlegt, die mit Vermögen oder Dienstleistungen erbracht werden müssten.
  - **Problematische Fälle.**
  - Übertragung von Grundstücken, Anteilsrechten oder anderen Vermögenswerten auf die Kinder um die steuerliche Belastung zu reduzieren.
  → Unproblematisch für Kontoguthaben und Wertpapiere.
    • Bei Grundstücken und Anteilsrechten können aber Pflichten anfallen, z.B. Grundsteuer, notwendige Reparaturen Oder Sonderzulage.
  - Bezieht sich eine Pflicht lediglich auf den Gegenstand, mindert dies zwar deren Wert und somit die relative Vorteilhaftigkeit, jedoch bleibt Schenkung nach wie vor vorteilhaft.
    • Geschäftes Grundstück i.W.v. 150.000€ ist mit 50.000€ Grundschuld belastet.
  - Wird der Minderjährige persönlich verpflichtet, dürfen Pflichten im Verhältnis zur Vorteilhaftigkeit nur unbedeutend gering sein (Steuern und Abgaben).
    • Ist Grundstück mit gefährlichen Altlasten belegt, dann könnte Beseitigung den Grundstückswert übersteigen und Minderjährigen schaden.
  - Schenkung unter Auflage ist rechtlich nicht vorteilhaft.
    • Vermögen geschenkt mit Bedingung 1% jedes Jahr an Caritas zu spenden.
  → Widerspruch nach § 526 ist gerechtfertigt, wenn Wert durch Pflicht gemindert wird.
  - Übertragung einer Eigentumswohnung ist rechtlich vorteilhaft, jedoch hat Rechtsprechung entschieden, dass Vermietung nicht vorteilhaft ist wegen Ansprüchen aus Mietvertrag.
  → Zweifelhafte Entscheidung, da vermietetes Grundstück mehr Vorteile als Nachteile bringt.
  - Erwerb von Gesellschafterstellung oder Beteiligung wenn Satzung Nachschusspflicht vorsieht (nachträgliche Leistungen können auftreten) ist rechtlich nachteilig.
  => Wenn lediglich Teilhaber ohne Haftung (Aktionär) und keine Nachschusspflicht, dann rechtlich vorteilhaft.

- **Übereignung mit Erfüllungswirkung.**
  - Wenn zum Nachlass einer Person an seinen minderjährigen Enkel eine Darlehnsforderung (Rückzahlung) besteht, dann darf Schuldner Darlehn nicht zurückzahlen, da ansonsten Minderjähriger seine Darlehnsforderung verliert und rechtlichen Nachteil erlangt.
  - Erst mit Beginn der Volljährigkeit kann Darlehn zurückgefordert werden.
  => Trennung von Rechtserwerb und Erfüllungswirkung.

- **Handeln mit Einwilligung.**
  - Mit Einwilligung des gesetzlichen Vertreters darf Minderjähriger Verträge abschließen.
  - § 182 Abs. 1 erlaubt Einwilligung explizit oder konkludent nach innen (gegen Minderjährigen) oder nach außen (an Geschäftspartner) zu bekunden.
  - § 183 Erteilte Einwilligung ist bis zum Abschluss des Rechtsgeschäfts widerruflich.
  - Freiheit des Minderjährigen und Vertreters soll nicht eingeschränkt werden, dürfen sich bis zum Schluss anders überlegen.

- „Rechtsscheinvollmacht" wenn Einwilligung gegenüber Dritten erklärt, aber lediglich gegenüber Minderjährigem widerrufen wurde (§§ 170, 175).
- Inhaltliche Tragweite der Einwilligung der Eltern gemäß § 113 ist umschritten.
- Einwilligung an Führerscheinprüfung teilzunehmen ermächtigt natürlich nicht zur Anmiete eines PKW wenn bestanden, aber Einwilligung zum Kauf eines CD-Players ermächtigt nicht zur Durchführung einer notwendigen Reparatur.

=> Folgen der Einwilligung durch Elternteil hängen meist vom Alter des beschränkt Geschäftsfähigen ab.

- • Wenn ein 7-Jähriger 8000 € im Lotto gewinnt darf er nicht darüber verfügen, gewinnt ein 17-Jähriger 2000€, dann denkt man anders darüber.
- Möglichkeit der Generaleinwilligung (d.h. Einwilligung in einen größeren Kreis von Rechtsgeschäften) kann u.U. als Missbrauch der elterlichen Sorgfaltspflicht gewertet werden.

- • **Konkludente Einwilligung durch Überlassung von Mitteln.**
  - § 110 (sog. „Taschengeldparagraph") erlaubt Minderjährigen Verträge mit zur freien Verfügung überlassene Mittel zu schließen (beschränkt sich nicht nur auf Taschengeld).
→ Wenn Eltern dem Kind Taschengeld geben, dann darf Kind es auch ausgeben.
  - Mittel dürfen für alle nicht völlig aus dem Rahmen fallende Geschäfte eingesetzt werden.
  - **Voraussetzung**: Mit den Mitteln muss eine Leistung erwirkt werden (bar bezahlt, nicht in Raten oder ähnliches).
  - Stammen Mittel von einem Dritten, müssen gesetzliche Vertreter dem Verwendungszweck oder einer freien Verwendung zustimmen.
  - Ansparen von Mitteln ändert nichts an der freien Verfügung.
  - Nur wenn Eltern ausdrückliches Verbot ausgesprochen haben, darf Gegenstand nicht gekauft werden, ansonsten schon, sogar wenn Eltern damit nicht einverstanden gewesen wären.

- • **Handeln ohne Einwilligung.**
  - Wenn eine Willenserklärung abgegeben und ein Vertrag geschlossen wurden, welche die gesetzlichen Vertreter nicht zugestimmt haben, ist dieser Vertrag schwebend unwirksam.
  - Rechtsprechung unterscheidet zwischen einseitigen und sonstigen Rechtsgeschäften.
  - **(1) Einseitige Rechtsgeschäfte.**
    - • Laut § 111 Satz 1 sind alle Handlungen eines Minderjährigen ohne Einwilligung seines gesetzlichen Vertreters von vornherein unwirksam.
    - • Erklärungsempfänger darf nicht im Ungewissen bleiben ob schwebend wirksamer Vertrag nun zustande kommt oder nicht.
→ Lösung wäre es die gesetzlichen Vertreter vor Vertragsschluss zu fragen.
    - • Empfänger einer empfangsbedürftigen Willenserklärung muss behauptete Einwilligung nicht glauben, sondern darf nach schriftlicher Bestätigung der gesetzlichen Vertreter verlangen (§ 111 Satz 2 und 3).
    - • Nicht-empfangsbedürftige Willenserklärungen bedürfen ebenfalls einer vorigen Zustimmung.
  - **(2) Sonstige Rechtsgeschäfte.**
    - • Verträge sind schwebend unwirksam, wenn gesetzlicher Vertreter nicht vorher zugestimmt hat (§ 108 Abs. 1).
    - • Genehmigt gesetzlicher Vertreter, hat vertrag die ganze Zeit über bestanden, verweigert er, wird Vertrag ex tunc aufgelöst.
    - • Zwei gesetzlich geregelte Möglichkeiten Bestätigung über Bestehen eines Vertrages z erlangen.
      - (i) Gemäß § 108 Abs. 2 Satz 1 darf der Vertragspartner eine schriftliche Bestätigung vom gesetzlichen Vertreter einfordern, wenn nach 2 Wochen noch immer keine vorliegt, dann als

verweigert angesehen. Ob vorher eine dem Vertragspartner unbekannte Zustimmung oder Verweigerung vorlag wird durch Aufforderung an gesetzlichen Vertreter irrelevant.
- **Beispiel**: Schüler kauft sich Mofa auf Raten, Eltern erst dagegen, ändern dann aber ihre Meinung und stimmen zu. Mofaverkäufer schreibt Brief und fordert eine schriftliche Bestätigung, welche innerhalb von 2 Wochen nicht erscheint. Vertrag ist hinfällig.
- Aufforderung ist keine Willenserklärung, sondern eine geschäftsähnliche Handlung (deshalb Handlungs- und Erklärungswille irrelevant).
  - (ii) Gemäß § 109 Abs. 1 kann der Vertragspartner den schwebend wirksamen Vertrag einfach widerrufen.
- Abs. 2 regelt, dass Widerruf nur, wenn Minderjährigkeit nicht bekannt oder Einwilligung widerrechtlich behauptet wurde und Vertragspartner vor Vertragsschluss nichts davon wusste.

- **Betreuung mit Einwilligungsvorbehalt.**
  - Nach § 1903 Abs. 1 Satz 2 kann Vormundschaftsgericht die beschränkte Geschäftsfähigkeit auch bei Erwachsenen verhängen, welche einen Betreuer zur Seite gestellt bekommen.
  - Willenserklärungen des Betreuten, welche lediglich rechtliche Vorteile bringen, sind legitim (§ 1903 Abs. 3 Satz 1).
  - Willenserklärungen des Betreuten über Geschäfte des täglichen Lebens sind ebenfalls legitim (§ 1903 Abs. 3 Satz 2), sofern das Gericht nichts anderes angeordnet hat.
  - Kauf von Lebensmittel für alsbaldigen Verzehr, Benutzung von Verkehrsmitteln oder Besuch kultureller Veranstaltungen.

- **Missbräuchliche Verweigerung der Zustimmung.**
  - Entscheidung über die Zustimmung oder Verweigerung muss im Rahmen der (elterlichen) Sorgfaltspflicht liegen (gilt auch für Betreuer und Vormunde).
  - Ist körperliches, geistiges oder seelisches Wohl des Kindes in Gefahr, können Gerichte nach § 1666 Abs. 2 den Willen der gesetzlichen Vertreter ersetzen.
  - § 1667 erlaubt Familiengerichten das Eingreifen, wenn gesetzliche Vertreter das Vermögen des Minderjährigen gefährden.
→ Schadensersatzanspruch gegen die gesetzlichen Vertreter kann erhoben werden.

- **Partielle Geschäftsfähigkeit.**
  - In einigen Bereichen ist die Behandlung der Minderjährigen wie Volljährige erlaubt.
  - **(1) Ehemündigkeit.**
    - § 1303 Abs. 1 erlaubt Eheschließung erst mit 18 Jahren, Familiengericht kann aber erlauben, wenn Ehepartner volljährig ist (§ 1313 Abs. 2).
    - Einwilligung des gesetzlichen Vertreters ist erforderlich; Familiengericht kann auch zustimmen, wenn Vertreter aus nichtigen Gründen verweigert.
  - **(2) Testierfähigkeit.**
    - 16-Jährige dürfen ein Testament ohne Zustimmung der gesetzlichen Vertreter aufstellen, aber nur gültig, wenn notarielles.
    - § 2233 Abs. 1 erklärt die mündliche oder offen-schriftliche Erklärung gegenüber dem Notar als ausreichend, anders als bei Erwachsenen ist geheim-schriftliche Erklärung nicht möglich.
→ Beratung durch Notar soll möglich sein und Zwang durch Dritte verhindert werden.

- **Arbeitsverhältnisse als beschränkt Geschäfsfähiger.**
  - **(1) Selbstständiger Betrieb eines Erwerbsgeschäfts.**
    - § 112: Genehmigung des gesetzlichen Vertreters durch Vormundschaftsgericht ermächtigen Minderjährigen dazu einer selbstständigen Tätigkeit nachzugehen.
    - Ermächtigt dazu alle Rechtsgeschäfte zu tätigen, welche mit Tätigkeit einhergehen (außer Abschluss eines Gesellschaftervertrags).

- **(2) Eingehen eines Arbeitsverhältnisses.**
  - § 113: Gesetzlicher Vertreter kann Minderjährigem erlauben in Dienst oder Arbeit zu treten und alle damit verbundenen Rechtsgeschäfte abzuschließen.
→ Alle „Folgegeschäfte" einschließlich der Kündigung und Gewerkschaftseintritt sind daher mit erfasst.
  - **Einschränkungen.**
    - Einrichtung eines Gehaltskontos, aber keine Überweisungen.
    - Abschluss von neuen Arbeitsverträgen, aber nicht eines neuen Ausbildungsvertrages.
  - Möglichkeit die Ermächtigung einzuschränken oder zu widerrufen soweit es nicht gegen andere Gesetze verstößt.
    - Art. 9 Abs. 3 Satz 2 GG verbietet es, dass gesetzlicher Vertreter Beitritt in Gewerkschaft einschränkt.

- **Anwendung der §§ 104 ff. auf nicht-rechtsgeschäftliches Verhalten?**
  - **Prozesshandlungen.**
    - Prozessfähigkeit entspricht Geschäftsfähigkeit, also kann Minderjähriger oder Geschäftsunfähiger kein Gericht aufsuchen und Anträge stellen (§ 52 ZPO).
→ Es gibt keine „beschränkte Prozessfähigkeit".
  - **Geschäftsähnliche Handlungen.**
    - Geschäftsähnliche Handlungen wie Mangelrüge (Beschwerde über schlechte Ware) oder Mahnung verbessern die Stellung des Minderjährigen, deshalb erlaubt.
  - **Religionsmündigkeit.**
    - Minderjähriger darf ab 14 Jahren eigenes Religionsbekenntnis abgeben.
    - Ab 12 Jahren kann Minderjähriger Konfessions- / Bekenntniswechsel widersprechen.
  - **Einwilligung in einen ärztlichen Eingriff.**
    - Minderjährige dürfen prinzipiell über ärztliche Eingriffe entscheiden, da sie höchstpersönliches Rechtsgut betreffen.
    - Allerdings muss dem Betreffenden die Tragweite seiner Entscheidung bewusst sein.
    - Bei gravierenden Eingriffen bedarf es deshalb zusätzlich der Einwilligung der gesetzlichen Vertreter, da diese die Situation und die Folgen (hoffentlich) besser einschätzen können als das Kind.

- **Realakte.**
  - Realaktie wie Eigentumserwerb durch Verarbeitung (§ 950) oder durch Schatzfund (§ 984) setzen keinerlei Geschäftsfähigkeit voraus.
  - §§ 827, 828 besagen, dass Minderjährige zwischen 7 und 18 Jahren für unerlaubte Handlungen verantwortlich sind, wenn „die zur Erkenntnis der Verantwortlichkeit erforderliche Einsicht" vorhanden ist.
  - Minderjähriger zahlt ein Fahrrad für 50€ an (Wert 150€) und behauptet, dass er Erlaubnis der Eltern habe. Fahrrad wird gestohlen, Eltern verweigern Zustimmung und wegen Angabe falscher Tatsachen haftet Minderjähriger dafür und muss 150€ Schadensersatz zahlen.
  - Wenn Minderjährige eine Leistung wie Beförderung in Anspruch nehmen, kommt kein Vertrag zustande, jedoch müssen sie ggf. Schadens- / Wertersatz i.H.d. Fahrpreises erstatten (§ 812 Abs. 1).

- **Beispielfall 1.**
  - Ein 17-Järiger kauft für 300€ ein Fahrrad und zahlt 80€ an. Minderjähriger behauptet, dass Eltern zugestimmt hätten, obwohl dies nicht stimmt. Als zweite Rate nicht kommt, sendet Verkäufer eine Mahnung an Eltern. Eltern hatten kurz vorher dem Vertrag eingewilligt und antworten deshalb nicht auf Brief. **Welche Ansprüche kann V geltend machen?**
- **Beispielfall 2.**

- 16-Jähriger lässt sich von Taxi nach Hause fahren. Minderjähriger weigert sich zu Hause den Fahrtpreis zu bezahlen, da seine Freunde auf gleiche Weise schon Gratisfahrten erhielten. **Kann der Taxifahrer Bezahlung verlangen?**

- **Abschluss von Verträgen – Vertragsfreiheit als Grundlage.**
  - Wichtigste Erscheinungsform der Privatautonomie ist die Vertragsfreiheit als Grundlage der Wirtschaft.
  - Verträge sind nicht unbedingt Ausdruck von Selbstbestimmung beider Seiten, sondern auch Mittel der Knechtung von überlegener Seite aus.
→ Abschlussfreiheit ist ein theoretisches Prinzip, in Realität kommen viele Faktoren zusammen.
  - **Abschlussfreiheit** garantiert freie Wahl ob und mit wem man einen Vertrag schließen möchte.
  - **Inhaltsfreiheit** garantiert freie inhaltliche Ausgestaltung des Vertrages soweit das Gesetz nichts anderes vorsieht (§ 311 Abs. 1).
  - **Kontrahierungszwang:** Vor allem Monopolunternehmen aber auch „normale" müssen jedem Nachfrage, der AGBs akzeptiert und Preis zahlt, ein Gut / Dienstleistung verkaufen.

- **Angebot und Annahme.**
  - Zwei Parteien schließen einen Vertrag um eine bestimmte Rechtswirkung herbeizuführen.
  - A und B schließen einen Mietvertrag ab, damit ist geklärt was Leistung (Wohnung) und Gegenleistung (Miete) ist.
  - Willenserklärungen müssen sich entsprechen, nicht unbedingt inhaltsgleich sein, da eine einfache Bejahung schon zum Vertragsschluss führen kann.
  - §§ 145 ff. regeln das Zustandekommen von Verträgen.
  - Angebot wird Antrag genannt und wird im Laufe von Verhandlungen so sehr ausgearbeitet, dass die Gegenseite mit einer einfachen Bejahung einen Vertrag abschließen kann.
  - Annahme kann explizit („Ja, ich will") oder konkludent (Kopfnicken, Hand reichen) erfolgen.

- **Nähere Betrachtung des Angebots.**
  - Angebot liegt erst dann vor, wenn Gegenüber mit einfacher Bejahung einen Vertrag zustande kommen lassen kann.
→ Wirtschaftlich wesentlichsten Rechte und Pflichten müssen bekannt sein.
  - Angebote müssen alle essentialia negotii enthalten (Preis, Leistung und beide Vertragsparteien).
  - Auch Angebote ohne Preis können angenommen werden, wenn Leistungserbringer den Preis selbst wählen darf (§ 315 Abs. 3).
  - **Inventatio ad offerendum** – Schaufensterauslagen oder Kataloginformationen.
  - Lediglich Aufforderungen ein Angebot zu machen, kein vollständiges Angebot, da zweite Vertragspartei nicht eindeutig ist.
  - Verkäufer könnte zu viele Annahmen erhalten als er Waren hätte, wenn Schaufensterauslage ein Angebot wäre.
  - Verkäufer hat das Recht Käufer kennenzulernen und dessen Zahlungsbereitschaft und Geschäftsfähigkeit zu beurteilen.
=> Inventatio ad offerendum ist aus Verkehrssitte abgeleitet.
  - Bei Bargeschäften mit geringem Wert kann eine Auslage bereits als Angebot gelten.
  - Aufstellen von Waren im Selbstbedienungsladen wird umstritten nicht als Angebot angesehen.
  - Bargeschäft mit geringem Wert, vorhandene Kapazitäten können nicht überlastet werden.
  - Kunde hat die Befugnis die vom Regal genommene Ware bis zur Kasse wieder zurückzulegen und muss nicht erst nach § 119 anfechten.
  - Trotzdem wollen Verkäufer das Recht beibehalten Kunden kennenzulernen, wenn z.B. bekannter Umweltsünder etwas kaufen möchte, Verkäufer mit dieser Person aber aus Angst vor Rufschäden keinen Vertrag schließen will.
  - Wird ein Vertrag geschlossen, werden inventatio ad offerendum Vertragsinhalt.

- Unlauterer Wettbewerb, wenn nicht zum ausgeschilderten Preis verkauft.
- Verstoß gegen Gebot der Preisauszeichnung, wenn nicht ausreichend markiert.
- Bei Versteigerungen machen die Bieter die Angebote, welche der Versteigerer annimmt (§ 156).
- **Bindung an ein Angebot.**
  - Mit Ausruf des Angebots ist Erklärender daran gebunden und kann es nach Annahme nicht mehr ändern → Angebot ist eine empfangsbedürftige Willenserklärung.
  - Bindungsfrist kann festgelegt werden, beim Aktienkauf kommt dann z.B. Geldwert ins Spiel (Optionsscheine).
  - Ohne Bindungsfrist ist eine Annahme sofort (= unverzüglich) zu erfolgen, wenn eine solche Reaktion üblich ist (also nur unter Anwesenden, am Telefon, Videokonferenz etc.) (§ 147 Abs. 1).
    - Unter Abwesenden darf die Annahme nach sicherer Erwartung des Zugangs und angemessener Überlegungsfrist erfolgen (§ 147 Abs. 2)
  → Abhängig von Größe des Geschäfts, Kompliziertheit des Regelungen und individuellen, situativen Umständen.
  - Bindung an ein Angebot erlischt nach dessen Ablehnung (§ 146) oder nach Erlöschen der vereinbarten Annahmefrist (§ 147).
    - Wenn Annahme nach Ablauf der Frist erfolgt, dann stellt dies ein neues Angebot dar und der ehemalige Erklärende wird nun zum Annehmer (§ 150).
  - **Sonderproblem:** Annahme wurde rechtzeitig abgeschickt, kam aber zu spät an; Erklärer muss Briefverschicker Bescheid geben, dass Annahme zu spät kam, sonst kommt Vertrag zustande (§ 149).
  - Bindendes Angebot darf widerrufen werden, wenn sich Umstände ändern, dann darf Kündigung aus wichtigem Grund erfolgen.
  - Bindung an Angebot kann vorher bereits ausgeschlossen werden, wenn Formulierungen wie „ohne Obligo" oder „freibleibend" genutzt werden (§ 145).
  → Individuelle, situative Umstände unterscheiden zwischen Angebot und inventatio ad offerendum.
  => Solche Angebote können sogar kurz nach Zugang der Annahmeerklärung noch widerrufen werden (verbreitete Auffassung).

- **Nähere Betrachtung der Annahme.**
  - Als empfangsbedürftige Willenserklärung deutlich einfacher strukturiert als das Angebot.
  - Annahme ist einfache Bejahung des Angebots, Annahme unter Einschränkungen bilden Ablehnung gefolgt von neuem Angebot (§ 150 Abs. 2).
  - § 115: Annahme muss nicht zugehen, wenn gemäß der Verkehrssitte nicht zu erwarten gewesen oder Antragender darauf verzichtet hat.
    - Buchhandlung versendet Bücher an Bibliothek, diese sendet einige zurück und bezahlt die übrigen; Kaufvertrag zustande gekommen ohne dass Annahme der übrigen Bücher und Ablehnung einiger abgegeben wurde.
  - Wenn keine zugegangene Willenserklärung, dann gibt es auch kein Vertrauen des Dritten, welches bei Widerruf gebrochen werden könnte.
  → Solange Wert der Sache nicht an Wert verloren hat, kann diese wieder zurückgegeben werden.
  - **Sonderfall: Lieferung unbestellter Waren.**
    - Gemäß § 241a hat Produzent / Händler keinen Anspruch auf Bezahlung, wenn Lieferung unbestellt erfolgt (§ 151 gilt nicht).
    - § 241a gilt nicht im Verhältnis zwischen Unternehmen.
      - Empfänger-Unternehmen muss Fehllieferung dem Liefer-Unternehmen melden und darf Waren nicht benutzen.
      - Wenn Liefer-Unternehmen Waren nicht abholen will/kann, dann Wegwurf, ansonsten Aufbewahrung bis zur Abholung.

- **Formvorschriften bei Angebot und Annahme.**
  - Wie in §§ 145, 147 intendiert müssen Willenserklärungen korrespondieren und inhaltlich übereinstimmen.
    - § 311 intendiert und bekräftigt alle Formen von Willenserklärungen (explizit und konkludent).
  - Gesetz macht aber an einigen Stellen Ausnahmen.
    - § 311b Abs. 1: Grundstücksgeschäfte bedürfen einer Beurkundung.
    - § 568 Abs. 1: Kündigung eines Mietvertrages muss schriftlich erfolgen.
  => Keine Wertgrenze, lediglich auf bestimmte Sachen / Geschäfte bezogen.
  - Oftmals steht wählbare Form den Vertragsparteien frei, z.b. bei Gründung einer Gesellschaft bürgerlichen Rechts, aber dennoch lassen die drei Gründer eine notarielle Beurkundung vornehmen um missverständliche Formulierungen zu vermeiden.
  - Unterscheidung zwischen einfacher und qualifizierter Schriftform.
    - *Einfache Schriftform*: „Änderungen des Vertrages bedürfen Schriftform".
    - *Qualifizierte Schriftform*: „Vertragsänderungen und Nebenabreden, auch bzgl. dieses Formerfordernisses bedürfen Schriftform".
  → Schriftform nicht mit Privatautonomie umgehbar.
  - **Zweck von Formvorschriften.**
    - **Schutz vor Übereilung**: Schenkungsversprechen muss notariell beurkundet werden, einfache Schenkung hingegen nicht, da man bei letzterem davon ausgeht, dass Schenker sich bereits Gedanken darüber gemacht hat.
    - **Vermeidung von Zweifelsfragen**: Streit um einen vergessenen Punkt.
    - **Sachkundige Beratung** durch Notar soll sichergestellt werden.
    - Finanz- und Kartellbehörden besseren Zugriff ermöglichen.
  - Gesetz verlangt Schriftform für Kündigung von Miet- und Arbeitsverhältnis (§ 623), Bürgschaft (§ 766 Satz 1) und abstrakte Schuldversprechen (§ 780).
  - § 126 erlaubt neben handschriftlicher Erklärung auch einfache **Namensunterschrift**.
  - Nachname muss enthalten sein oder eindeutiges Pseudonym verwendet werden.
  - „Individueller Charakter" der Unterschrift genügt, Nachname muss nicht leserlich sein.
  - Unterschrift muss real sein, keine Kopie; d.h. Briefe sind in Ordnung, Fax, e-Mail oder andere Form der Teleskopie ist nicht rechtens; seit 2001 auch elektronische Unterschrift zulässig.
  - „Oberschrift" oder „Nebenschrift" (beschreibt Platzierung der Unterschrift auf dem Formular) ist kein Ersatz für eine Unterschrift.
  - Analphabeten dürfen auch notariell beurkundetes Handzeichen setzen.
  - Blanko-Unterschrift nur mit Vollmacht zulässig.
  - Ein Vertrag kann von beiden Parteien unterschrieben werden oder zwei gleiche Verträge von jeweils einer Partei.
  - **Alternative zur Schriftform ist seit 2001 die elektronische Form.**
    - Findet nur bei besonders wichtige oder riskante Erklärungen keine Anwendung.
      - Kündigung eines Arbeitsverhältnisses oder Bürgschaft eines nicht-Kaufmanns.
    - § 126a Abs. 1: Elektronischen Dokumenten muss der Name des Ausstellers beigefügt werden und bedarf einer qualifizierten elektronischen Signatur.
    - § 126a Abs. 2: Bei Verträgen muss jeweils eine Partei einen gleichen Vertrag unterzeichnen.
      - Auch möglich wenn ein Vertrag in elektronischer, der andere in Schriftform unterzeichnet wurde.
  => Elektronische Form nur erlaubt, wenn alle Beteiligten damit einverstanden sind.
  - Schriftformerfordernisse, welche auf Vereinbarungen, nicht auf Gesetz beruhen, können in jeglicher Form übermittelt werden.

- **Rechtsfolgen von Formverstößen.**
  - § 125 Satz 1 erklärt jedes Rechtsgeschäft, welches die gesetzlichen Formvorschriften nicht beachtet für nichtig.

17

- **Ausnahmen von § 125 Satz 1.**
  - § 550 Satz 1: Mietvertrag über mehr als 1 Jahr ohne schriftliche Form gilt als auf unbestimmte Zeit geschlossen.
  - § 311b Abs. 1 Satz 2: Übereignung von Grundstücken können nachträglich schriftlich festgehalten werden.
  - Verstöße gegen eine Formvereinbarung machen Vertrag nur nichtig, wenn Form Wirksamkeitsvoraussetzung war (§ 125 Satz 2).
  - Oft dienen Formvereinbarungen lediglich Beweiszwecken und deshalb rechtlich unproblematisch wenn Verstoß.
  - Berufung auf Formnichtigkeit als Verstoß gegen Treu und Glauben dar.
  - Wenn eine Partei A der anderen B rät keine Form zu vereinbaren um Kosten zu sparen, kann A später auf Verstoß gegen Treu und Glauben klagen.
  - Hohe Schwelle in § 311b Abs. 1: Formnichtigkeit muss für klagende Partei schlechthin untragbar sein (Existenzgefährdung).

- **Abschluss von Verträgen unter Einbeziehung Allgemeiner Geschäftsbedingungen.**
  - Eine Vertragspartei legt Einheitsbedingungen fest, an welche sich andere Partei halten muss.
  - Gesetzliche Definition von AGB in § 305 Abs. 1 Satz 1.
  - AGB gehen über „Kleingedrucktes" hinaus, auch Formularverträge, welche mit wenigen eingefügten Angaben auf Situation angepasst werden können, gehören dazu.
  - Umfang ist gesetzlich nicht geregelt, ein einfacher Satz kann z.B. Haftung ausschließen.
  - Schriftart und Schreibweise (handschriftlich, maschinell, digital) sind irrelevant.
  - Eine Vertragspartei muss AGB stellen, wenn Aushandlungen, dann gelten §§ 305ff. nicht.
  - Aushandeln geht über Verhandeln hinaus, meint ernsthafte Diskussion.
  - Argument ohne Gegenargument ist keine ernsthafte Diskussion.
  - Wenn AGB Klausel beinhaltet „einige Klauseln können gestrichen werden", gelten AGB trotzdem, da keine Aushandlung.
  - Diverse Gründe für die Entstehung der AGB.
  - **(1) Rationalisierungsfunktion.**
    - Es werden Einheitsvorschriften geschaffen, damit nicht jedes mal die gleichen Vorschriften mit jedem neuen Kunden ausgehandelt werden müssen.
    - Vorschriften über einen Kaufvertrag sind unabhängig vom gekauften Gut, behandeln aber ein anzuerkennendes Bedürfnis auf die Besonderheiten des einzelnen Gegenstandes oder Lebensbereiches Rücksicht zu nehmen.
  - **(2) Machtfunktion.**
    - Der Stärkere kann mit Hilfe der AGB seine Interessen weitestgehend umsetzen.
    - „Stärke" beruht auf Informationsvorsprung: Kaufhaus kann viele sachkundige, teure Juristen beschäftigen um seine Interessen möglichst fehlerfrei in den AGB zu formulieren.
    - Verbraucher ist der „Schwächere", da er auf viele Leistungen angewiesen ist.
→ Kein Wechsel zur Konkurrenz, da § 2 Abs. 2 GWB ab 2005 erlaubt, dass sich Unternehmen über ihre AGB gegenseitig absprechen und somit alle ähnliche besitzen.
  - Ausgleichen des Machtungleichgewichtes.
  - Nach §§ 138 („gute Sitten") und 242 („Treu und Glauben") muss Verkäufer / Hersteller Nachbesserungsrecht gewähren, wenn fabrikneues Produkt fehlerhaft ist. Wenn Reparatur nicht zum Erfolg führt, dann muss Kaufpreis gemindert oder Kaufvertrag rückgängig gemacht werden.
  - Gesetzlich verankerte Schwerpunkte zur **Machtbeschränkung der AGB.**
    - § 305: Nur unter bestimmten Voraussetzungen werden AGB zum Vertragsbestandteil.
    - § 307 Inhaltskontrolle: AGB-Aufsteller darf seine Interessen nicht in unangemessener Weise durchsetzen.
    - §§ 308, 309: Verbannung bestimmter Klauseln / Formulierungen.

- **Erweiterung für Verbraucherverträge.**
  - AGB werden nicht nur vom Unternehmer gestellt, sondern dürfen auch Formulierungen von Dritten enthalten sowie Vorformulierungen zur einmaligen Verwendung, wenn Verbraucher auf deren Inhalt keinen Einfluss nehmen können (§ 310 Abs. 3).
  - § 13: Verbraucher ist jede Person, welche ein Rechtsgeschäft abschließt, welches keine gewerbliche oder selbstständige Tätigkeit darstellt.
    - Arbeitnehmer, welcher Berufskleidung kauft, ist Verbraucher, da keine selbstständige Tätigkeit.
  - Juristische Personen sind keine Verbraucher, wohl aber Gesellschaften bürgerlichen Rechts, da sie aus natürlichen Personen bestehen und kein gewerbliches Interesse verfolgt.
→ Gesellschafter sind wegen unbeschränkter Haftung schutzwürdig.
  - Existenzgründer sind bis zur endgültigen Gründung noch Verbraucher, auch wenn Kredit für start-up aufgenommen wird (§ 507).
  - Wenn Selbstständiger ein Auto zum gewerblichen und privaten Gebrauch kauft, dann kommt es darauf an, in welchem Bereich die Nutzung überwiegt.

- **Voraussetzungen für die Einbeziehung des AGB in den (Kauf-)Vertrag.**
  - (1) § 205 Abs. 2 Nr. 1: Verwender muss andere Vertragspartei ausdrücklich auf AGB hinweisen.
    - Deutlich sichtbarer Aushang am Ort reicht aus, wenn Hinweis nur unter unverhältnismäßigen Schwierigkeiten möglich ist (z.B. Parkhaus, Bank).
    - Abdruck auf Fahrschein oder Ticket reicht nicht aus, da solche erst nach Vertragsschluss ausgehändigt werden.
  - (2) Vertragspartei muss Inhalt der AGB zugänglich sein.
    - Vorlage muss angeboten werden oder auf Zugang zu AGB hingewiesen werden.
    - Übersendung bei Verhandlungen unter Abwesenden.
    - Wenn AGB sich auf andere Klauselwerke bezieht, müssen auch diese zugänglich sein.
    - Nicht zugänglich, wenn für Durchschnittskunden nicht mühelos lesbar oder auf (Seh-)Behinderte nicht ausreichend Rücksicht genommen.
  - (3) Einverständnis der anderen Vertragspartei ist notwendig.
    - Wenn erste beiden Voraussetzungen erfüllt sind, ist in aller Regel dieser Punkt konkludent erfüllt, deshalb wenig praktische Bedeutung.

- **Weiteres zum Thema AGB.**
  - Wenn AGB bereits Vertragsinhalt, dann sind jene Klauseln wirkungslos, welche nach Umständen für Vertrag ungewöhnlich sind (§ 305c Abs. 1).
    - „Ungewöhnlich" kann auch eine erhebliche Abweichung des dispositiven Rechts sein.
    - Klausel muss „überraschend" sein, sodass mit dieser normalerweise nicht zu rechnen wäre.
    - **Beispiel:** Patient wird ins Krankenhaus überstellt und unterzeichnet Aufnahmevertrag mit Klausel, dass er selbst zahlen müssen, wenn Sozialversicherung nicht mehr zahlt. Kein Vertragsbestandteil geworden.
  - § 305b setzt Individualabrede über AGB.
    - Mündliche, verhandelte Abreden haben Vorrang, wenn im Widerspruch zu AGB.
  - § 305 Abs. 2 (Bedingungen für Aufnahme der AGB in Vertrag) gilt nicht für juristische Personen oder Unternehmen (Position des Annehmenden), aber AGB müssen erkennbar sein.
  - Wurden AGB nicht vollständig (§ 305c Abs. 1) in Vertrag aufgenommen, gilt Vertrag dennoch.
    - Ungültige Bedingungen werden entweder durch Individualabrede oder gesetzliche Vorschriften (§ 306 Abs. 2) oder im äußersten Fall nach Verkehrssitte ersetzt.

- **Widerrufsrecht des Verbrauchers.**
  - Angebot und Annahme führen zu Vertrag und *pacta sunt servanda* (Verträge sind einzuhalten).
  - Einseitiger Rückzug nur möglich, wenn (i) Vertrag es erlaubt, (ii) Willensmängel bestanden oder (iii) Pflichten nicht erfüllt wurden (dann Rücktrittsrecht nach §§ 323, 324).
  - Machtgefälle zwischen Unternehmen und Verbraucher wird in AGB zementiert.
  - Verbraucher unterliegt dem Risiko Tragweite der übernommenen Verpflichtung und Nützlichkeit des erworbenen Gegenstandes nicht voll zu überblicken.
  - **Voraussetzungen für Widerruf nach §335.**
  - Widerruf nach § 335 gilt innerhalb von 14 Tagen nach Vertragsschluss ohne Begründung, Wille des Widerrufs muss lediglich deutlich werden und Willenserklärung muss rechtzeitig versandt, nicht zugegangen sein.
    - **(1) Haustürgeschäft nach § 312 Abs. 1.**
    - Konfrontation des Verbrauchers mit Vertragsangebot, wo er Solches nicht erwarten kann.
      - Privatwohnung (Nr. 1), von Vertragspartei organisierte Freizeitveranstaltung (Nr. 2) oder überraschendes Ansprechen in öffentlichen Verkehrsmitteln (Nr. 3).
      - Unternehmer muss nicht wissen, dass ein Haustürgeschäft vorlag, ist selbst dran Schuld, wenn seine Angestellten Derartiges machen.
    - **(2) Verbraucherkredit nach § 495 i.V.m § 491 Abs. 1.**
      - Verbraucherkredite sind Darlehn zwischen Unternehmern und Verbrauchern, welche entgeltlich ausgezahlt und beglichen werden.
    - **(3) Fernabsatzverträge nach § 312g Abs. 1.**
      - Kaufverträge unter Abwesenden machen Käufer schutzbedürftig, da Vertragspartner unbekannt und Vertragsgegenstand nicht in Augenschein genommen werden kann.
      - Gilt für alle Formen des zeitversetzten, unpersönlichen Kaufes (e-Commerce, Telekopien (Fax), Telefon, Briefe und Kataloge) (§21c Abs. 1).
    - **(4) Sonstige Fälle.**
      - § 485: Verbraucher erhält Widerrufsrecht für Teilzeit-Wohnrechtevertrag.

- **Rechtsfolgen bei Widerruf.**
  - § 357 regelt die Rechtsfolgen.
  - Vertrag gilt vom ersten Tag an als wirksam und kann durch Widerruf nur ex nunc aufgelöst werden.
  - Widerrufsfrist beträgt nach § 335 2 Wochen nach Vertragsschluss nachdem Verbraucher über Widerrufsrecht informiert wurde.
    - Belehrung muss mindestens in Schriftform erfolgen und i.F.e. „dauerhaften Datenträgers" übergeben werden → Zugänglichkeit der Information auf Homepage reicht nicht aus.
=> Findet Belehrung erst nach Vertragsschluss statt, beginnt verlängerte Widerrufsfrist von einem Monat.
      - Inhalt der Belehrung ist ebenfalls geregelt: Name und Anschrift desjenigen, vor welchem Widerruf zu erklären ist, Fristbeginn und -dauer, darauf hinweisen, dass keine Begründung notwendig ist und zur Wahrung der Frist Poststempel ausreicht, hinweisen auf schriftliche Form des Widerrufs auf dauerhaftem Datenträger oder Rücksendung der Sache.
      - Belehrung muss deutlich gestaltet sein, also inhaltlich auffällig sein (Farbe, Schriftart).
      - Bei Fernabsatzgeschäften beginnt Frist mit Eingang der Waren oder Erfüllung der Belehrung, je nachdem, welches Ereignis später auftritt.
      - Wenn keine Belehrung stattfand, dann erlaubt § 255 Abs. 3 Satz 3 ein zeitloses Widerrufsrecht.
      - Versandhandel darf vertraglich anstelle eines Widerrufsrechts ein Rücknahmerecht vereinbaren (sofern §§ 312 Abs. 1 Satz 2, 312d Abs. 1 Satz 2 nicht widersprechen).

=> Unterschied ist, dass Auflösung des Vertrages nur durch Rücksendung der Ware erfolgen kann.

- **Auslegung von Verträgen.**
  - Mängel bei Willenserklärungen (Willensmängel) wurden bereits thematisiert, aber noch nicht Lücken in Verträgen.
  - Bei Verträgen zwischen Privatleuten denkt man oft nicht über Komplikationen wie Mängel oder Zahlungsverzug nach.
  - Umstände können sich auch ändern und nicht vertraglich geregelte Möglichkeiten (zum Opportunismus) herbeiführen.
  - **Dispositives Gesetzesrecht.**
  - Bei lückenhaften Verträgen gilt dispositives Recht, sofern solches vorliegt.
  - **Ergänzende Vertragsauslegung.**
  - Rechtsprechung greift auf „hypothetischen Vertragswillen" der Parteien zurück.
  - Das Ergebnis, auf welches beide Parteien gekommen wären, hätten sie an Solches gedacht, wird nachträglich in den Vertrag „hineingelesen".
=> Nachträglich ist eine solche Überprüfung schwierig, vor allem wenn eine Seite von neuen Umständen profitiert, deshalb entscheidet Richter anhand von Billigkeitskriterien.
  - **Interpretatorisches Günstigkeitsprinzip.**
  - Frage nach uneindeutigen Klauseln in den AGB, welche in dem Vertrag aufgenommen wurden.
  - Uneindeutige Formulierungen gehen zulasten des Verwenders, der Käufer soll einen Vorteil erhalten (Unklarheitenregel § 305c Abs. 2).

- **Dissens.**
  - Wenn Willenserklärungen gemäß objektivem Empfänger und ergänzender Vertragsauslegung sich trotzdem unterscheiden werden zwei Formen des Dissens unterschieden.
  - **(1) Offener Dissens.**
  - Gemäß § 154 Abs. 1 Satz 1 können nicht zustande gekommen sein, wenn sich Vertragsparteien nicht über alle einzelnen Punkte einig sind.
    - Inhaltliche Tragweite der Punkte ist egal (Bei Hauskauf wird über Eigentum des Zauns gestritten).
  - Möglichkeit besteht aber, dass einige Punkte bewusst und gewollt offen gelassen werden, z.B. Kaufpreis, welcher später von einem Sachverständigen ermittelt werden soll.
  - Offener Dissens und einhergehende Nichtigkeit des Vertrages kommt auch zustande, wenn eine Partei die gemeinsam festgelegte Vertragsform nicht einhält (Beurkundung wurde nicht durchgeführt) (§ 154 Abs. 1 Satz 2).
  - Nachträglich können Lücken auch ohne juristische Schritte zwischen Vertragsparteien ausgehandelt werden, Vertrag behält dann trotz Lücken seine Gültigkeit.
=> Wenn beide Seiten mit Erfüllung der vertraglich vereinbarten Leistung beginnen, scheidet § 154 Abs. 1 Satz 1 meist schon aus.
  - **(2) Versteckter Dissens.**
  - Beide Seiten sind der Meinung das gleiche erklärt zu haben, jedoch haben sie unterschiedliche Vorstellungen über eigenes Handeln / Verpflichtungen / Rechte etc.
  - § 155 sieht Gültigkeit des Vertrages vor wenn Vertrag auch ohne Bestimmung über diesen Punkt zustande gekommen wäre.
→ § 155 gilt nur, wenn sich Erklärungen ihrer objektiven Bedeutung nach nicht decken.
=> Wenn beide das gleiche erklärt haben, der eine aber etwas Unerklärtes gemeint hatte, ist Vertrag zustande gekommen und lediglich nach § 119 anfechtbar.
    - Patientin dachte, dass Versicherung alle Kosten deckt; Arzt dachte, dass Patientin Kosten übernimmt, welche Versicherung nicht mehr trägt → Kein Vertrag.

- Wäre es üblich oder zugänglich, dass Patienten „Restkosten" selbst tragen, dann wäre Vertrag zustande gekommen und lediglich Anfechtung nach § 119 möglich.
- **(3) Totaldissens.**
- Wenn sich beide Parteien nicht über wesentliche Inhalte des Vertrages einig sind, dann kommt kein Vertrag zustande.
- A macht B eine Annahme, B versteht es als Angebot und nimmt an.

- **Vertragsabschluss durch sozialtypisches Verhalten // Lehre von den faktischen Vertragsverhältnissen.**
  - In-Anspruchnahme von Leistungen im modernen Massenverkehr wird als Annahme eines Angebots durch konkludentes Handeln angesehen.
  - Betreten eines öffentlichen Verkehrsmittels oder Abstellen eines Autos auf einem öffentlichen Parkplatz kommt eine Annahme des staatlichen Angebots ad incerta persones gleich.
→ Obwohl Nutzer seinen Widerwillen zu zahlen ausdrücklich erklärt, muss er durch In-Anspruchnahme der Leistung Vergütung leisten.
=> Protestatio facto contraria non valet (die dem eigenen Tun widersprechende Protesterklärung hat keine Rechtswirkung).
  - Probleme: Selbstbestimmung des Einzelnen wird eingeschränkt, durch sozialtypisches Verhalten wird Individuum in viele Verträge verwickelt, welchen er sich nicht entziehen kann.
  - Geschäftswille und Erklärungswille werden zugunsten des Handlungswillens abgeschafft.
=> Literatur lehnt diese Form der Rechtsprechung ab, Realität aber nicht.
  - Faktische Arbeitsverhältnisverhältnisse dürfen nach Antreten der Arbeit nicht nachträglich wegen Willensmängeln widerrufen werden.
  - Bei Gründung von Kapitalgesellschaften ist dies generell verboten.

- **Kapitel 12 – Stellvertretung.**

- **Zurechnung fremden Willens.**
  - Je größer die wirtschaftliche Einheit, desto größer die Arbeitsteilung.
  - Handlung im fremden Namen ausführen zeichnet einen Stellvertreter u.a. aus.
  - Stellvertreter werden beauftragt um Realakte (Lieferung von Sachen) zu übernehmen.
  - Unterscheidung von zwei Arten der Handlung im fremden Namen.
    - Rechtsgeschäftliches Handeln durch Stellvertretung nach Ausstellen einer Vollmacht.
    - Gesetzliche Vertretungsmacht ist im BGB verankert und kann nur schwer verändert werden (Eltern als gesetzliche Vertreter der Kinder).
  - Im Regelfall gehen Dritte bei Unternehmern davon aus, dass Geschäftsleitung nicht alle Aufgaben selbst erledigt.
    - Problem tritt erst mit Gehilfenhaftung (§ 278) auf.

- **Gesetzliche Zulässigkeit der Stellvertretung.**
  - Stellvertreter treten auf, berechtigen und verpflichten im Name des Vertretenen.
  - Stellvertreter darf Verträge abschließen und darüber hinaus Gestaltungsrecht ausüben.
    - Angestellter darf im Namen des Unternehmens Gebäude anmieten, Kollegen kündigen etc.
  - Höchstpersönliche Rechtsgeschäfte (Ehe, Testament) sind nicht durch Stellvertreter abzuschließen.

- **Voraussetzungen im Einzelnen.**
  - Stellvertretung liegt vor, wenn drei Voraussetzungen erfüllt sind.
    - (1) Stellvertreter muss eigene Willenserklärung abgeben oder eine empfangen.
    - (2) Stellvertreter muss im Namen des Vertretenem handeln.

- (3) Stellvertreter muss Vertretungsmacht besitzen.
=> Vollmacht muss erteilt worden sein (§ 166 Abs. 2 Satz 1).
  - Probleme treten mit (2) auf.
    - § 164 Abs. 1 Satz 2: Es spielt keine Rolle ob ausdrücklich erklärt, dass im fremden Namen gehandelt oder ob es die Umstände ergeben.
    - § 164 Abs. 2: Wenn Stellvertreter nicht als solcher kenntlich war, dann erfolgt Eigengeschäft ohne Möglichkeit der Anfechtung nach § 119 (Offenkundigkeitsprinzip).
→ Schutz des Vertragsempfängers.
  - Wenn Willenserklärung des Stellvertreters in den Geschäftsbereich des Unternehmens fällt, wird automatisch der Inhaber verpflichtet, da Dritten diese Information zugänglich ist.

- **Formen der Stellvertretung.**
  - Wenn eine Person mehrere Stellvertreter hat, dann könnte es sich entweder um eine **Einzelvertretung** (ein Vertreter darf erklären und verpflichten) oder um eine **Gesamtvertretung** (mindestens zwei Stellvertreter müssen das gleiche wollen) handeln.
    - Beispiel ist die Gesamtvertretung durch alle Vorstandsmitglieder (§ 78 Abs. 2 Satz 1 AktG).
    - Auch Eltern können einen Minderjährigen nur gemeinsam vertreten (§ 1629 Abs. 1 Satz 2).
=> Unterscheidung nur wichtig bei Willenserklärungen, nicht bei Zugang von Willenserklärungen, da genügt es wenn diese einem Vertreter zugegangen ist.
    - **Mittelbare** (= versteckte) **Stellvertretung** ist im strengen Sinne keine Stellvertretung.
    - Handelnder tritt bewusst in seinem Namen auf, aber wegen interner Abmachungen wirkt der geschlossenen Vertrag für und gegen einen anderen.
    - Kommissionsgeschäft nach § 383 (Kaufmann kauft Wertpapiere oder Waren auf eigenen Namen für eine andere Person) ist legitim.
    - § 185 erlaubt es weiterhin, dass Eigentümer einen Nichtberechtigten die Verfügung eines Gegenstandes erteilen dürfen.
  - A möchte sich einen neuen Sportwagen kaufen, muss dafür aber Gemälde verkaufen, was Gesichtsverlust bedeuten könnte. Deshalb Kunsthändler K beauftragt das Gemälde zu verkaufen ohne auf Vertretung hinzuweisen.

- **Stellvertreter oder Bote.**
  - Stellvertreter gibt eine eigene Willenserklärung ab, wenn auch im fremden Namen.
  - Bote übermittelt fremde Willenserklärung im fremden Namen, statt einem Boten könnte Vertreter auch einen Brief schicken.
  - Stellvertreter dürfen auch minderjährig (= beschränkt geschäftsfähig) sein, Boten dagegen können sogar geschäftsunfähig sein, da sie lediglich eine „Nachricht" überbringen.
  - In Ausnahmefällen (z.B. § 925) ist auch gleichzeitige Anwesenheit erforderlich, was Stellvertreter, aber keine Boten zulässt.
  - Eigener Einfluss des Stellvertreters ist in Realität oft nur ein Indiz für Stellvertretung.
  - Hierarchie im Betrieb kann auch Auskunft über Rolle des Einzelnen geben; Leitender Angestellter wird als Stellvertreter, Kraftfahrer lediglich als Bote auftreten dürfen.
  - **Fall des Rollenwechsel.**
  - Tritt ein Bote als Stellvertreter auf, übertritt er seine Vertretungsmacht und seine Erklärungen werden nichtig.
  - Tritt ein Stellvertreter als Bote auf, ist dies unproblematisch, da dies definitiv in dessen Spielraum liegt (lediglich Beweisführung, dass Stellvertreter wird schwierig).
  - Übermittelt Bote (versehentlich) eine falsche Willenserklärung, so greift § 120 für den Vertretenen, welche die gleichen Wirkungen wie § 119 besitzt.
  - **Sonderfälle.**

- **Geschäft für den, den es angeht.**
  - Bargeschäfte des täglichen Lebens (ca. 50€ zu zahlen bar für alltägliche Gebrauchsgegenstände) erlauben es dem Stellvertreter nicht als solcher kenntlich zu sein, aber dennoch eine wirksame Stellvertretung zu erfüllen.
→ Schutz des Dritten bleibt erhalten, da er Gegenleistung sofort erhält.
  - § 162 Abs. 2 ist gar nicht anwendbar wenn Dritter Gegenleistung erhält.
→ Akzeptanz einer „mittelbaren Stellvertretung" im BGB.
  - Weiterhin werden die meisten Bargeld-Kaufverträge miteinbezogen, da es in der heutigen Zeit nicht länger darauf ankommt, ob Reklamierender und Einkäufer die gleiche Person sind.
  - Wird der Kaufpreis nicht bar bezahlt, kann Vertragspartner leicht ermittelt werden (Name auf Scheck, Karte) → Kaufvertrag kommt zustande, wenn Verkäufer die Sache bis zur völligen Bezahlung einbehält (zumindest wenn für Verkäufer keine Risiken bestehen).
- **Unechtes Geschäft für den, den es angeht.**
  - Stellvertreter gibt an nicht im eigenen Namen zu handeln, verschleiert aber die Identität des Vertretenen.
  - Vertrag wird erst mit Benennung gültig, sonst gilt Vertreter ohne Vertretungsmacht.
- **Vertretungsrecht von Ehegatten.**
  - „Geschäfte zur angemessenen Deckung des Lebensbedarfes der Familie" darf jeder Ehegatte auch mit Wirkung für den anderen abschließen (§ 1357 Abs. 1).
  - Schutz des Dritten, da er entweder von Kaufpartner oder dessen Ehegatten fordern kann.

- **Vollmacht.**
  - Rechtsgeschäftliche Wirkung für und gegen einen anderen zu handeln kann durch Vollmacht übertragen werden.
  - Vollmacht als einseitige, empfangsbedürftige Willenserklärung des Vertretenen, Annahme muss nicht erfolgen.
  - **(1) Innenvollmacht**: Vollmacht wird dem Stellvertreter vom Vertretenen erklärt (§ 167 Abs. 1 Alt. 1).
  - **(2) Außenvollmacht**: Vollmacht wird dem Dritten gegenüber bekundet, mit welchem Stellvertreter paktieren soll (§ 167 Abs. 1 Alt. 2).
  - **(3) Bevollmächtigung durch Kundgabe**: Öffentliche Bekanntgabe der Vollmacht setzt nicht unbedingt eine bereits bestehende Vollmacht voraus (§ 171).
  - Jeder potentielle Vertragspartner soll wissen oder erfahren können, dass über diese Person Verträge mit Vertretenem geschlossen werden können.
  - **Formfreiheit und Ausnahmen.**
  - § 167 Abs. 2 erlaubt formlose oder konkludente Übertragungen von Vollmacht.
    - Busfahrer ist erlaubt für und gegen seinen Chef wirksam Bus zu tanken.
  - Stellvertreter dürfen auch formgebundene Geschäfte (Grundstücksübereignung) durchführen, da Absicht des Gesetzgebers (Übereilung verhindern) immer noch erfüllt wird.
    - Dafür aber eine notariell-beurkundete Vollmacht benötigt um Rechtsscheinvollmachten auszuschließen.
  - Vollmacht ist i.d.R. an einen Vertrag gebunden (Arbeitsvertrag, Dienstvertrag etc.).
  - Bei „isolierter Vollmacht" fehlt ein solches Grundverhältnis.
  - Vollmacht kann auch ausgestellt werden ohne konkretes Ziel benannt zu haben.
  - A ermächtigt B ihn zu vertreten, egal ob beim Kauf von Waren, vor Behörden etc..

- **Umfang der Vertretungsmacht.**
  - **(1) Zivilrecht**: Vollmachtgeber entscheidet frei über Zeitraum und Umfang der Vertretungsmacht.

- Spezialvollmachen beschränken sich auf ein gewisses Geschäft, Gattungsvollmachen auf eine bestimmte Gruppe von Geschäften, Generalvollmachten auf alle Geschäfte im Rahmen eines Unternehmens.
  - **(2) Handelsrecht**: Unterschiede, da Handelspartner die Befugnisse des Stellvertreters genau wissen müssen.
- Prokura nach § 48 HGB ermächtigt den Prokuristen zu allen üblichen Geschäften, was nicht eingeschränkt werden darf (§ 50 HGB), damit Dritte geschützt werden.
- Handlungsvollmacht nach § 54 HGB (Filialleiter) ist ähnlich konstruiert, jedoch darf diese eingeschränkt werden, wenn es Dritten zugänglich gemacht wird.
- § 56 HGB ermächtigt alle Ladenangestellte oder Angestellte eines offenen Warenlagers dazu Waren zu verkaufen oder entgegenzunehmen, welche für dieses Unternehmen üblich sind.
  - **(3) Untervollmachten**: Bevollmächtigter darf anderen Personen Untervollmachten erteilen.
- Verträge können Möglichkeit der Untervollmacht aber ausschließen.

- **Verbot von Insichgeschäften nach § 181.**
  - Umfang und Gelegenheit, mit welcher der Stellvertreter seine Vollmacht ausübt, hängt von Vertretungsmacht und seine Spielräumen ab.
→ Allerdings darf Stellvertreter nicht mit sich selbst im Namen des Vertretenen Geschäfte abschließen.
  - **(1) Beide Erscheinungsformen.**
  - **Selbstkontrahierung**: Wenn Stellvertreter und Geschäftspartner eigene Personen sind.
  - Auch wenn Vertretener nicht eine Person, sondern eine Personengruppe ist.
  - Mehrvertrag: Eine Person handelt gleichzeitig auf beiden Seiten des Vertrages.
  - **(2) Ausnahmen des Verbotes.**
  - Insichgeschäfte sind zulässig, wenn Vertrag lediglich der Erfüllung von Verbindlichkeiten dient (gezahltes Darlehn wird fällig und Bevollmächtigter überweist sich Geld selbst).
  - Selbstkontrahierung kann vom Vertretenen ausdrücklich im Vertrag vorgesehen werden.
  - **(3) Teleologische Auslegung.**
  - § 181 will Vertretenen vor unangemessenen Vorteil für den Stellvertreters schützen.
  - Rechtsgeschäfte müssen für den Vertretenen rechtlich vorteilhaft sein.
→ Schenkungen von Eltern an Minderjährige.
  - Vom Vertreter ernannter Untervertreter darf nicht mit ihm ein Geschäft abschließen.
  - **(4) Einpersonengesellschaft.**
  - Ist Alleingesellschafter einer GmbH auch alleiniger Geschäftsführer, dann findet § 181 auch Anwendung.
  - **(5) Rechtsfolgen.**
  - Insichgeschäfte können nachträglich vom Vertretenen genehmigt werden.
  - Einseitige Rechtsgeschäfte, die gegen § 181 verstoßen, sind nichtig.

- **Missbrauch der Vertretungsmacht.**
  - Verträge wirken für und gegen den Vertretenem, auch wenn der Stellvertreter außerhalb seiner Vertretungsmacht gehandelt hat.
  - Schutz Dritter, da diese nicht die Besonderheiten des Innenverhältnisses erforschen können.
  - **Zwei Ausnahmen dieses Schutzes von Dritten.**
  - Kollusion ist sittenwidrig, wenn sich Stellvertreter und Dritter darauf einigen dem Vertretenem zu schaden.
  - Dritter kann sich nicht auf Gültigkeit des Vertrages berufen, wenn er wusste, dass Vertreter außerhalb der Vertretungsmacht handelt (§ 242).

- **Zurechnung von Willensmängeln und Wissen des Vertreters.**
  - Auch Rechtsgeschäfte mit einem Stellvertreter können sich Willensmängel einstellen.

- § 166 Abs. 1: Wenn Willensmängel auftreten, gelten Rechtsfolgen für Stellvertreter, da Vertretener weder Erklärung abgegeben hat, noch im direkten Kontakt zum Dritten stand.
- § 166 Abs. 2 regelt eine Ausnahme.
- Wenn Vertreter dem Stellvertreter eine gewisse Weisung gibt, dann kann Vertreter keinen weniger gut informierten Stellvertreter vorschicken um Vertrauensschutz in Anspruch nehmen zu können.
  - Kunstkenner erkennt Wert eines Gemäldes, will sich aber im Falle einer Anfechtung nicht mit Schadensersatz abgeben müssen und beauftragt deshalb unwissenden Stellvertreter das Bild zu kaufen.
- Wenn Vollmachtgeber aber eine Vollmachtsweisung wegen Irrtum (§ 119) oder Drohung / Täuschung (§ 123) erteilt, darf er entsprechenden Schutz im Rechtsverkehr beanspruchen.
- **Anwendung auf Wissensvertreter.**
- § 166 Abs. 1 findet auch Anwendung, wenn Sorgfaltspflichten des Vertretenen gegenüber des Stellvertreters verletzt wurden.
- Fertigt der Gehilfe eine Ware an, welche fehlerhaft ist und der Meister übergibt diese einfach an den Kunden, dann haftet der Meister für die Mängel.

- **Erlöschen der Vollmacht.**
  - **(1) Ende des zugrunde liegenden Rechtsverhältnisses.**
  - § 168 Satz 1: Vollmacht erlischt mit Erfüllung der ihr zugrunde liegenden Rechtsverhältnisse.
  - **(2) Widerruf.**
  - § 168 Satz 2: Widerruf auch möglich, wenn zugrunde liegendes Rechtsverhältnis fortbesteht.
  - Widerruf kann vertraglich auch ausgeschlossen werden, außer in folgenden Fällen.
    - Unwiderrufliche Generalvollmacht ist sittenwidrig, da wirtschaftliche Selbstentmündigung des Vollmachtgebers.
    - Widerruf aus wichtigem Grund bleibt immer möglich, z.B. für den Fall, das Stellvertreter immer wieder seine Vertretungsmacht ausreizt.
  - Isolierte Vollmachten können jederzeit widerrufen werden.
  - Gleiche Form des Widerrufs wie bei Erteilung ist nicht erforderlich.
  - Widerruf kann Stellvertreter oder Drittem gegenüber erklärt werden.
  - **(3) Erledigung der Angelegenheit.**
  - Vollmacht erlischt wenn dafür vorgesehenes Geschäft zustande kommt oder endgültig scheitert.
  - **(4) Anfechtung der Vollmacht.**
  - Bevollmächtigung kann nach §§ 119ff. widerrufen werden und erlischt ex tunc.
  - Wenn Vollmachtsgeber Willensmängel erkennen hätte können, dann bleiben geschlossene Verträge wegen Anscheinsvollmacht bestehen.
  - Wenn Irrtum nicht vorauszusehen war, muss geprüft werden, ob Vertretener oder Stellvertreter verantwortlich war und kann unter Zahlung eines Vertrauensschadens angefochten werden.
    - Wenn Grund des Irrtums auf Vertragspartner zurückzuführen ist oder keine genaue Zuordnung der Verantwortlichkeit, dann erlischt Vollmacht (§ 179).
  - **Wirkung gegenüber Dritten.**
  - Wenn Vollmacht erlischt, gibt es Umstände unter denen Vertrag dennoch wirksam ist.
  - **(1) Schutz des gutgläubigen Dritten.**
    - § 170: Außenvollmacht bleibt solange in Kraft bis vom Vollmachtgeber widerrufen wird.
    - Auch wenn Innenvollmacht widerrufen wurde, kann dennoch eine wirksame Vollmacht vorliegen.
    - § 171: Gleiches gilt, wenn Innenvollmacht öffentlich oder gegenüber einem Dritten verkündet wurde.
    - § 172 Abs. 2: Vollmachtsurkunde ermächtigt Besitzer als Stellvertreter zu agieren.

- § 175 sieht Rückgabepflicht vor, § 176 regelt das Verfahren der Kraftloserklärung.
- **(2) Ausnahmen.**
  - Nur in zwei Fällen ist der Gutglaube des Dritten in Fortbestand der Vollmacht nicht geschützt.
  - Liegt eine reine Innenvollmacht vor, welche nicht nach außen hin bekundet wurde, dann ist der Dritte nicht schutzwürdig, da es keinerlei Anhaltspunkte für die Vollmacht gibt.
  - Nach § 173 ist der Dritte nicht schutzbedürftig, wenn er das Erlöschen der Vollmacht vor Vertragsschluss erfahren hatte oder hätte können.
- **(3) Wissenszurechnung.**
  - Wenn Stellvertreter als solcher nicht kenntlich ist, dann darf eine Abteilung den Vertrag verweigern.
  - Wenn der Stellvertreter jedoch deutlich kenntlich in anderer Abteilung eines Unternehmens auftaucht, gilt § 170 nicht.

- **Duldungs- und Anscheinsvollmachten.**
  - Nicht nur Frage nach Fortbestehen einer Vollmacht gegenüber Dritter ist von Bedeutung, sondern auch Frage ob überhaupt eine Vollmacht entstanden ist.
  - Duldungs- und Anscheinsvollmachten werden wie Vollmachten behandelt, ohne es wirklich zu sein.
  - **Duldungsvollmacht.**
  - Jemand weiß, dass ein anderer als sein Stellvertreter auftritt und unternimmt nichts dagegen.
  - Abgrenzung zu konkludent erfüllten Vollmacht ist schwierig (Bestätigung von etwas, das schon längst vorhanden ist).
  - Gemäß § 173 darf sich ein Dritter nicht auf Duldungsvollmacht berufen, wenn er wusste oder erkennen hätte können, dass keine Vertretungsmacht vorliegt.
  - **Anscheinsvollmacht.**
  - Vertretener weiß nicht, dass er vertreten wird, hätte es aber anhand der ihm auferlegten Sorgfaltspflichten wissen können.
  - § 173 gilt entsprechend.
  - Kein Rechtsschein liegt vor, wenn Vollmachtsurkunde zuerst zurückgegeben und dann vom gleichen Stellvertreter wieder entwendet und gegenüber Dritten genutzt wird.
  - Duldungs- und Anscheinsvollmacht wirken für und gegen den Vertretenem, Dritter darf sich nicht auf § 179 berufen.
  - Anfechtung wegen Irrtums bei Duldungs- und Anscheinsvollmacht trägt nicht, findet aber wie bei regulärer Vollmacht Anwendung.

- **Vertreter ohne Vertretungsmacht.**
  - Vertreter, der ohne Vertretungsmacht auftritt und handelt, heißt falsus prokurator.
  - Ähnliche Rechtsfolgen wie bei beschränkter Geschäftsfähigkeit gelten, werden aber unterschieden.
  - (1) Einseitige Rechtsgeschäfte: Verträge eines falsus procurator sind von vorne herein unwirksam, außer Dritter war vorher damit einverstanden (§ 180).
  - (2) Genehmigung: Falsus producartor muss Vertrag nachträglich vom Vertretenem genehmigen lassen, damit dieser rechtswirksam wird (§ 177 Abs. 1).
→ Auch durch Nicht-Widersprechen eines kaufmännischen Betätigungsschreibens.
  - Bei dieser Art des Schwebezustandes von Verträgen hat Dritter zwei Möglichkeiten: Entweder er widerruft den Vertrag gemäß § 178 oder fordert den Vertretenem zur nachträglichen schriftlichen Bestätigung auf.
→ Kommt keine Bestätigung nach 2 Wochen, gilt diese als verweigert (§ 177 Abs. 2 Satz 2).
  - **Ansprüche gegen den falsus procurator wenn Vertretener verweigert hat.**

- Nach § 179 Abs. 1 darf Vertragspartner nun den falsus procurator auf Erfüllung oder Schadensersatz belangen.
- § 179 Abs. 2 mindert diese strenge Strafe: Wenn Mangel an Vertretungsmacht nicht gekannt, dann hat Dritter lediglich Anspruch auf Vertrauensschaden und kein Schadensersatz.
→ Vertrauensschaden darf nicht höher als entgangener Gewinn sein.
- § 173 gilt entsprechend: Keine Haftung des falsus procurators, wenn Dritter von fehlender Vertretungsmacht gewusst hatte.
- Haftung eines minderjährigen Vertreters entfällt völlig, außer er hat mit Zustimmung des gesetzlichen Vertreters gehandelt (§ 179 Abs. 3 Satz 2).

- **Bote ohne Botenmacht.**
  - §§ 177-180 gelten entsprechend wenn Bote ohne Erlaubnis handeln, Botenmacht überschreitet oder vorsätzlich eine andere Nachricht übermittelt.
  - Wenn Vertrauen des Dritten enttäuscht wurde, dann stehen Ansprüche aus § 179 zu.

- **Handeln unter fremden Namen.**
  - Bei Bargeschäften des täglichen Lebens spielt der Name des Vertretenem keine Rolle.
  - Wenn der Vertretene aber eindeutig dem Vertragspartner bekannt sein muss (z.B. wegen Kreditwürdigkeit), dann gelten Paragraphen für falsus procurator entsprechend.
  - Dem Vertretenen wird ermöglicht ein vorteilhaftes Geschäft dennoch anzunehmen oder eben den Stellvertreter zu verpflichten.

- **Verdrängende Vollmacht.**
  - Vollmachtsausstellung schränkt Vollmachtgeber nicht davon ein selbst Rechtsgeschäften nachzugehen.
  - Handlungsfähigkeit wird zu sehr eingeschränkt, führt zu Selbstentmündigung.
  - Rechte aus einer Aktie, welche mehreren Berechtigten zusteht, darf nur ein gemeinschaftlicher Vertreter ausgeübt werden.
→ Betreffen nicht die Person des Rechtsträgers, sondern den Inhalt des Mitgliedsrechts.

- **Zurechnung des Verhaltens von Hilfspersonen.**
  - Handeln für andere wird auch für Erfüllung von übernommenen Pflichten ausgeübt.
  - Haftung für Angestellte, Arbeitnehmer, Beauftragte etc. muss genau untersucht werden.
  - § 278 Satz 1 lässt den Schuldner für ein Verschulden seines gesetzlichen Vertreters oder eines Erfüllungsgehilfen haften.
  - Gesetzliche Vertreter erstrecken sich ebenfalls auf Verwalter fremden Vermögens (Insolvenzverwalter, Testamentsvollstrecker).
  - Erfüllungsgehilfen müssen nicht weisungsgebunden sein, sondern lediglich für Erfüllung der Leistung des Schuldners hinzugezogen worden.
    - Personen, welche vom Gläubiger gestellt werden oder aus Gefälligkeit einspringen.
  - Schuldner soll nicht für Arbeitsteilung belohnt werden.
→ Schuldner soll erhöhtes Risiko tragen, wenn mehrere Gehilfen angeheuert.

- **Handeln „zur Erfüllung" einer Verbindlichkeit.**
  - **(1) Handeln „bei Gelegenheit".**
  - Für Fehlverhalten des Erfüllungsgehilfen haftet Schuldner nur, wenn sich jener im Rahmen seines vertraglichen Pflichtenprogramms bewegt.
  - Wenn Handlungen des Erfüllungsgehilfen nichts mit Leistungserfüllung zu tun haben (bspw. während der Kaffeepause).
  - **(2) Abgrenzung des Pflichtenkreises.**

- Bei allen Verträgen geht es nicht nur um Erbringung der Leistung nach Treu und Glauben, sondern auch darum Vermögen, Eigentum, Gesundheit und Leben des Schuldners nicht zu Schädigen → Schutzpflichten des Schuldners.
- Bewahrungsgehilfen werden hinzugezogen, nicht länger Erfüllungsgehilfen.
- Hinweispflichten treffen lediglich Personen, welche nicht auf völlig untergeordnete Tätigkeiten beschränkt sind.
  - Subunternehmer und örtlicher Bauleiter sind Erfüllungsgehilfen, weil Bauherren über Mängel oder Abweichungen von der Planung informieren müssen, Bauarbeiter nicht.
- **(3) Behandlung von Informationsdefiziten.**
- Wenn Schuldner Mängel kennt und Gläubiger verschweigt, liegt arglistiges Verschweigen vor.
- Offenbarungspflicht liegt vor, gilt auch, wenn Schuldner Mängel aus grober Fahrlässigkeit nicht kannte.

- **Persönliche Haftung des Erfüllungsgehilfen.**
- Hilfspersonen sind im Gegensatz zum Schuldner nicht an culpa in contrahendo gebunden.
- Unter gewissen Voraussetzungen müssen auch Hilfspersonen haften.
- Wenn Gehilfen im besonderen Maße Vertrauen für sich in Anspruch nehmen und dadurch Vertragsverhandlungen erheblich beeinflussen, wird ein Schuldverhältnis geschaffen, obwohl Gehilfe keine Vertragspartei ist.
- **(1) Gebrauchtwagenhändler.**
- Gebrauchtwagenhändler verkaufen Autos in Stellvertretung des Eigentümers, welche diese in Zahlung gegeben haben.
- Wenn Eigentümer dem Händler eine Eigenschaft zusichert, welche nicht stimmt oder wenn Händler Informationen verheimlicht, dann gelten Schadensersatzansprüche für Dritten.
- Rechtsprechung hat deshalb den Händler zum Schuldner gemacht, obwohl er rechtmäßig als Gehilfe gehandelt hat.
=> Käufer kennt Eigentümer nicht und muss Händler als Fachmann vertrauen.
→ Wegen Schutz des Dritten haftet Händler persönlich.
- **(2) Prospekthaftung.**
- Eigenhaftung der Gehilfen kommt auch zustande, wenn Anleger einer Kapitalanlage Kommanditist oder Mitglied einer Wohnungseigentümergemeinschaft lediglich aufgrund von Informationen aus einem Prospekt wird.
=> BGH lässt alle Prospektverantwortlichen für Inhalt des Prospektes persönlich haften.
- Trifft die Initiatoren, Gründer, Gestalter oder alle, welche das Management bilden sowie alle Sachverständigen, welche eine Garantenstellung (Vertrauenstatbestand durch Mitwirken am Prospekt geschaffen) einnehmen.
→ Initiatoren sollen sich so nicht hinter GmbH verstecken, welche insolvent wird.
- **(3) Andere Fälle.**
- Geschäftsführer einer GmbH können auch persönlich haften, wenn sie wirtschaftlich vom Zustandekommen des Vertrages im erheblichen Umfang profitieren.
- Eigenhaftung gilt auch, wenn Gehilfe seine Fachkunde und persönliche Integrität im erheblichen Maße ins Spiel bringt.
  - Als Experte in Erscheinung treten, sich für ein Geschäft verbürgen.
  - Wenn Anlageberater dem Kunden unter Bezugnahme seiner eigenen Sachkunde ein Prospekt eines Immobilienfonds übereignet und erklärt und Fond anschließend insolvent wird, dann kann Kunde gegen Anlageberater und Prospektgehilfen klagen.
=> Diese Fälle sind wichtiger Meilenstein für Verbraucherschutz.

- **Einstehen für andere im Rahmen unerlaubter Handlungen.**
  - Zurechnung fremden Handelns im Rahmen der Begehung unerlaubter Handlungen wird in § 831 geregelt (Deliktsrecht).
  - Drei wesentliche Unterscheidungen zu § 278.
  - (1) Befasst sich mit Verrichtungsgehilfen, also weisungsgebundenen Erfüllungsgehilfen.
  - (2) Verrichtungsgehilfen müssen einem Dritten lediglich einen Schaden zufügen, ein Verschulden ist nicht erforderlich.
    - Jedoch bei Verstoß gegen Sorgfaltspflichten, was Fahrlässigkeitsvorwurf nach § 276 gleichkommt.
  - (3) Schuldner muss beweisen können, dass er erforderliche Sorgfalt bei Auswahl der Angestellten und Materialien erfüllt hat (kann sich „exkulpieren").
→ Gläubiger bleibt dann nur der Ersatzanspruch gegen den Verrichtungsgehilfen nach §§ 823 ff.
  - Durch Exkulpation des Schuldners muss meist unversicherter Verrichtungsgehilfe haften, weshalb Gesetzgeber vertragliche Schutzpflichten erlassen hat.
  - Die Tatsache, dass gesetzliche Vertreter für einen anderen Handeln, spielt im Deliktsrecht keine Rolle, werden nach allgemeinen Grundsätzen belangt.
  - **Ausnahme.**
    - § 31: Verschulden eines satzungsmäßigen Vertreters wird der juristischen Person zugerechnet.
    - Gilt für alle (teil-)rechtsfähigen Einheiten, nicht nur für Vorstand oder Geschäftsleitung.
→ Juristische Person muss lediglich durch eigenverantwortliche Tätigkeiten repräsentiert werden.

- **Erwerbstatbestände.**
  - Zurechnung fremden Verhaltens erfolgt auch, wenn kein rechtsgeschäftlicher Erwerb stattfindet.
  - Arbeitgeber wird Eigentümer der von Arbeitnehmern hergestellten Güter oder Dienstleistungen.
  - § 950 besagt, dass Hersteller auch Eigentümer wird.
→ Verhältnis Arbeitnehmer ↔ Arbeitgeber wird also nicht erfasst.

- **Beispielfall 1.**
  - A bevollmächtigt B unwiderruflich für ihn ein Grundstück für bis zu € 200k zu erwerben. B schließt einen Vorvertrag über ein Grundstück für € 195k ab, welches aber völlig überteuert ist. Obwohl Notartermin bereits festgesetzt ist, will A schnellstmöglich und kostengünstig aus der Sache aussteigen. **Was wird er tun?**
- **Beispielfall 2.**
  - GmbH G kauft ein Vorprodukt von X sehr günstig ein, weil Geschäftsführer von G regelmäßig „inoffiziell" Beträge auf Privatkonto des Leiters von X überweist. Grundlage der vertraglichen Beziehungen war ein auf fünf Jahre befristeter Rahmenvertrag, welcher der GmbH Abrufmöglichkeiten einräumte. Neuer Geschäftsführer von G will von X Vorprodukte zum vereinbarten Preis kaufen und auch „inoffizielle" Zahlungen verzichten. **Mit Aussicht auf Erfolg?**

- **Kapitel 16 – Leistungsstörungen.**

- **Bisheriger Rechtszustand bei Leistungsstörungen.**
  - Bei rechtsgeschäftlichen oder auch vertraglichen Schuldverhältnissen kann es vorkommen, dass Leistung nicht oder nicht vollständig erbracht wird.
    - Verzug, Unmöglichkeit der Lieferung, Mangelfolgeschäden (wegen verdorbenem Futter sterben Tiere), Verletzung einer Nebenleistungs- oder Schutzpflicht (Vase wird bei

Klempnerarbeiten kaputt gemacht), Verlust durch Verzug, weil Ware im Zeitablauf wertlos geworden ist.

- **Wegfall der Geschäftsgrundlage** tritt ein, wenn Verhältnis von Leistung und Gegenleistung erheblich gestört wurde.
- Grundnorm ist § 280 Abs. 1 Satz 1: Verletzt Schuldner eine Pflicht aus Schuldverhältnis, kann Gläubiger Ersatz des entstandenen Schadens fordern.
- Schuldner haftet für Vorsatz und Fahrlässigkeit (§ 276 Abs. 1), kann durch fehlendes Verschulden, welches er selbst nachweisen muss, Haftung abtreten (§ 280 Abs. 1 Satz 2).
- Schuldner muss angemessene Frist zur Leistung oder Nacherfüllung setzen und Vertrauensschaden leisten (§ 281 Abs. 1).
  - Erst wenn diese Frist abgelaufen ist, kann Gläubiger Schadensersatz statt der Leistung verlangen.
  - Bsp: Zerstört der Handwerksgeselle eine Vase, muss Schadensersatz geleistet werden, Leistung darf aber weiter vollendet werden.
- Wenn Schuldner zu spät leistet, entsteht Verzug und muss Verzögerungsschaden zahlen.
- Bei gegenseitigen Verträgen erhält die geschädigte Vertragspartei bei Verzug ein Rücktrittsrecht, wenn Fristsetzung / Mahnung erfolgt ist (§ 323).

→ Irrelevant ist, dass Schuldner Pflichtverletzung zu verantworten hat oder nicht.

=> Rücktritt vom Vertrag schließt Anspruch auf Schadensersatz nicht aus (§ 325).

- **Unmöglichkeit der Leistung.**
  - Leistung und Gegenleistung werden nichtig, wenn Leistungserbringung unmöglich ist.
  - Hat Schuldner Umstände der Unmöglichkeit zu vertreten, hat Gläubiger Anrecht auf Vertrauensschaden (§ 275).
  - § 284: Unternimmt Gläubiger im Vertrauen auf korrekte Durchführung des Vertrages Aufwendungen, so werden diese als Schadensersatz zurückgegeben.
- § 313 thematisiert den Wegfall der Geschäftsgrundlage.
- § 314 räumt Möglichkeit ein, Dauerschuldverhältnisse aus wichtigem Grund fristlos zu kündigen.

- **Generalklausel: Schadensersatz wegen Pflichtverletzung.**
  - **Voraussetzungen für die Haftung.**
  - Gemäß § 280 muss Schuldner nur für Schäden haften, wenn eine Pflichtverletzung vorliegt und er diese zu vertreten hat.
    - **Pflichtverletzung**: Verhalten des Schuldners bleibt hinter dem vertraglich festgelegten Programm zurück.
      - Nicht nur Hauptleistungen (Reparatur war erfolglos), sondern auch Nebenleistungs- oder Schutzpflichten (Software beinhaltet einen Virus).
    - **Schuld muss zu vertreten sein**: Normalfall nach § 276 Abs. 1 Satz 1 sieht Vorsatz oder Fahrlässigkeit vor.
      - **Vorsatz**: Bewusstes Zuwiderhandeln.
      - **Fahrlässigkeit**: Die im Verkehr erforderliche Sorgfalt außer Acht gelassen (§ 276 Abs. 2).

→ Maß an Bemühungen wird verlangt, welches von vernünftigen Menschen zu erwarten gewesen wäre.

- In einigen Fällen muss Schuldner auch nur grobe Fahrlässigkeit vertreten (z.B. § 300 Abs. 1 wenn Gläubiger in Annahmeverzug gerät).
- Es gibt auch Fälle, in welchen der Schuldner für „zufällige" Pflichtverletzung belangt werden kann.
- Vereinbarte Garantieübernahme, bei Verzug (§287 Satz 2) oder wenn Sache durch unerlaubte Handlung erlangt wurde (§ 848).
- Inhalt des Schuldverhältnisses bestimmt das Ausmaß von einem sorgfältigen Handlungen.

31

- **Gattungsschulden**: Nach § 279 hat Schuldner eine Gattungsschuld solange zu erfüllen, wie einzelne Stücke vorhanden sind oder auf dem Markt erworben werden können.
  - Verhalten von Hilfspersonen kann gemäß § 278 auch auf Schuldner zugerechnet werden.

- **Schadensersatz statt der Leistung.**
  - Gläubiger hat hohes Interesse, wenn nicht sogar Zwang sich anderweitig um Leistung zu bemühen, wenn Verzug.
  => Schadensersatzforderung als harte Konsequenz für den Gläubiger.
    - **§ 281 Abs.** 1 bildet **Kompromisslösung**: Wurde fällige Leistung nicht oder nicht wie geschuldet erbracht, muss Gläubiger eine „zweite Chance" geben, bevor er Schadensersatz verlangen kann.
    - § 281 Abs. 1 Satz 3 regelt dies auch für Schlechtleistung, außer bei unerheblicher Pflichtverletzung.
  => **„Recht auf zweite Andienung".**
    - „Angemessene Dauer" hängt von Gegenstand der Leistung, Umständen und Abhängigkeit des Gläubigers von Leistung ab.
    - Fristsetzung ist entbehrlich, wenn Schuldner Leistung ernsthaft und endgültig verweigert (§ 281 Abs. 2).
    - Gilt auch, wenn besondere Umstände vorliegen, welche nach Abwägung beiderseitigen Interessen die sofortige Geltendmachung des Schadensersatzes rechtfertigen.
      - Pizza-Lieferservice wollte vor 30 Minuten kommen, Kunden haben Hunger, dürfen zur Pizzeria fahren und Speisen abholen und für Aufwand Entschädigung verlangen.
    - Wenn Schuldner die Rechtsgüter des Gläubigers verletzt, weil er Schutzpflicht nicht beachtet hat, dann nach § 282 schadensersatzpflichtig.
    - Nach Ablauf der „zweiten Frist" darf Gläubiger auf Erfüllung oder Schadensersatz bestehen, wenn letzteres, dann Anspruch auf Leistung ausgeschlossen (§ 281 Abs. 4).
    - Verlangen bedarf keiner Form, muss lediglich eindeutig sein und zugehen.
    - Wenn Leistung schon (teilweise oder mangelhaft) erbracht wurde und Gläubiger Schadensersatz gefordert hat, dann muss Leistung zurückgegeben oder entsprechend angemessen vergütet werden (§§ 346 – 348 gelten entsprechend).
    - Entgegen der Zusage darf auch Grundstück wegen Bauverbot kein Gebäude errichtet werden. Gläubiger darf Schadensersatz (Kaufpreis, Mehrkosten, Kosten für Kauf eines anderen Grundstücks) verlangen, muss aber bereits gekauftes Grundstück zurückgeben.
    - Bei Teilleistung kann der Gläubiger eigentlich nur wegen dem fehlenden Teil Schadensersatz verlangen, außer wenn es auf die Vollständigkeit der Lieferung ankam.
    - Restaurant bestellte 100 Flaschen Öl, Nachlieferung von 10 unter Verlangen von Schadensersatz über diese 10; Zwischenhändler bestellte 100 Flaschen Öl und kann wegen Teillieferung seiner Deadline nicht nachkommen, dann Schadensersatz für gesamte Lieferung verlangen (und Teilleistung zurückgeben).

- **Ergänzung bei gegenseitigen Verträgen.**
  - Erfüllt eine Partei nicht die Pflicht, kann die andere Partei „Einrede des nicht erfüllten Vertrages" nach § 320 in Anspruch nehmen.
  - Wenn Leistung sich verzögert, dann darf Gegenleistung zeitgemäß erfolgen (nicht schnellstmöglich wie üblich).
  - **Fälle, in welchen der Gläubiger vom Vertrag zurücktreten darf.**
  - Durch Verzögerung der Gegenleistung entstand kein materieller Schaden.
  - Verzögern setzt Verschulden des Schuldners voraus (§ 280 Abs. 1 i.V.m. § 281 Abs. 1).
  - Nach § 323 darf Gläubiger vom Vertrag aussteigen, wenn angemessene Frist nach § 281 Abs. 1 Satz 1 gesetzt wurde, aber Leistung nicht genau erfüllt wurde.
    - Fristsetzung und Nichterbringung der Leistung sind einzige Voraussetzungen, Verschulden ist nicht vorausgesetzt.

- Fristsetzung entfällt, wenn Schuldner Leistung endgültig verweigert (§ 281 Abs. 2) oder ein Fixgeschäft vorliegt (fester Liefer- / Fertigungstermin im Vertrag vereinbart und nicht eingehalten (§ 323 Abs. 2 Nr. 2)).
- Rücktritt kann schon vor Eintritt der Fälligkeit der Leistung erklärt werden, wenn verlässlich absehbar ist, dass Leistung nicht erbracht wird.
→ Antizipierter Rücktritt nach § 323 Abs. 4.
- Bei Teilerfüllung kann Gläubiger nur dann zurücktreten, wenn kein Interesse an einem Teil der Lieferung besteht (z.b. wenn Weiterverkauf mit Teillieferung nicht erfüllt werden kann) (§ 323 Abs. 5 Satz 1).
- Im Falle einer Schlechtlieferung kann Gläubiger immer zurücktreten, außer wenn Pflichtverletzung „unerheblich" ist (§ 323 Abs. 5 Satz 2).
- Rücktrittsrecht ist ausgeschlossen, wenn Gläubiger allein oder weitestgehend für Nicht- oder Schlechtleistung verantwortlich ist oder für Annahmeverzug (§ 323 Abs. 6).
- Pizzaservice verspricht „heiße Ware", aber an Tür des Bestellers wird nicht geöffnet.
- Wirksamer Rücktritt erfolgt, wenn Teilleistung zurückgegeben / erstattet wurde sowie Kaufpreis.
- Schadensersatz kann trotz Hinfälligkeit noch verlangt werden (§ 325).

- **Sonderfall des Verzugs.**
  - Bei Verzug gilt Schadensersatz nach § 280 Abs. 2 nur wenn zusätzlich Voraussetzungen des § 286 erfüllt sind.
  - Verzug tritt ein, wenn Forderung fällig wurde, Gläubiger gemahnt hat und Schuldner trotzdem noch nicht geleistet hat.
    - (i) Fälligkeit tritt (sofern nichts anderes vereinbart) sofort ein, d.h. mit Entstehung des Anspruchs.
    - Bei Gegenseitigen Verträgen muss Gegenleistung erst erfolgen, wenn Leistung erfolgt ist (außer bei anderer Vereinbarung) (z.B. Bezahlung erst nach Lieferung).
    - (ii) Bei Mahnung fordert Gläubiger den Schuldner zur Erbringung der Leistung auf.
    - Höfliche Zurückhaltung ist für Gläubiger nachteilig, Fristsetzung nicht erforderlich.
    - Zustellung eines Mahnbescheids oder Erhebung einer Klage kommen Mahnung gleich (§ 286 Abs. 1).
    - **Fünf Umstände, welche einer Mahnung gleichgestellt wird.**
      - (a) Verstreichenlassen eines vertraglich genaustens vereinbarten Liefer- / Fertigungstermin gilt als Mahnung (§ 286 Abs. 2 Nr. 1).
      - (b) Als Mahnung gilt auch, wenn Leistung vertraglich vereinbart nach einem bestimmten Ereignis zu erbringen ist (14 Tage nach Rechnungserhalt); Klausel „zahlbar sofort nach Erhalt der Leistung" löst Verzug nicht auf (§ 286 Abs. 2 Nr. 2).
      - (c) Schuldner hat Leistung ernsthaft und endgültig verweigert (§ 286 Abs. 2 Nr. 3).
      - (d) Nach Abwägung beiderseitiger Interessen ist Eintritt des Verzugs gerechtfertigt (Gläubiger benötigt Lieferung in einem gewissen Zeitpunkt) (§ 286 Abs. 2 Nr. 4).
      - (e) Entgeltforderung gerät in Verzug, wenn 30 Tage nach Fälligkeit und Zugang der Rechnung bezahlt wurde (besonderer Hinweis auf Rechnung muss vorliegen) (§ 286 Abs. 3).
        - Auch 30 Tage nach Empfang der Gegenleistung, auch wenn Zugang oder Zeitpunkt der Rechnung zweifelhaft ist.
    - Wenn Nachweis, dass Verzug nicht selbst-verschuldet ist, dann tritt kein Verzug ein (§ 286 Abs. 4).

- **Rechtsfolgen.**
  - Nach §§ 280 Abs. 1 und 2 i.V.m. § 286 muss Schuldner bei Verzug Verzögerungsschaden leisten, d.h. alle Vermögensnachteile, welche Gläubiger nach Eintritt des Verzugs entstehen.

- Wegen Verzug musste Autokäufer einen Mietwagen nehmen, wenn Auto geliefert wird, dann muss Schuldner Kosten für den Mietwagen begleichen.
  - Wenn Käufer bei Nichtlieferung nach § 323 Abs. 1 zurücktritt, endet der Verzug.
  - Später erfolgte Vermögensnachteile kann Gläubiger nach § 281 Abs. 1 i.V.m. § 280 Abs. 1 geltend machen.
  - Nach § 288 sind auch Verzugszinsen zu zahlen (5% über Basiszinssatz, bei nicht Verbraucher 9%).
→ Abstrakter Schadensersatz, gilt auch wenn reale Anlagemöglichkeiten einen solchen Zinssatz niemals garantieren könnten.
=> Liegt ausnahmsweise beim Gläubiger ein höherer Schaden vor, dann darf nach § 288 Abs. 3 höherer Betrag verlangt werden.
  - Nach § 287 Satz 1 haftet Schuldner bei Verzug für fahrlässiges Verhalten, nach § 287 Satz 2 auch für Zufall.
→ Ohne Verzug wäre jeder weitere Schaden nämlich nicht entstanden.

- **Sonderfall: Ausschluss der Leistungspflicht.**
  - Haftung für schuldhafte Pflichtverletzung besteht auch, wenn Leistungspflicht nicht erfüllt werden kann.
  - Bisher wurden Voraussetzungen aus § 275 Abs. 1 bis 3 für Unmöglichkeit angewandt.
  - § 275 Abs. 1 Anspruch auf Leistung ist ausgeschlossen, wenn diese für Schuldner oder jedermann unmöglich ist.
    - Anfängliches Unvermögen: Sache gehört dem Schuldner nicht (mehr).
    - Leistung wird nach Vertragsabschluss für Schuldner unmöglich, für andere aber nicht.
    - Leistung ist niemandem möglich, da Gegenstand vor oder nach Vertragsschluss untergegangen ist.
    - Leistung kann nur teilweise erfüllt werden.
  - Bei vorübergehender Unmöglichkeit muss Richter entscheiden wie zu verfahren ist, eigentlich nach § 275 Abs. 1 von Leistungspflicht befreit, aber drei Situationen zu unterscheiden.
    - (a) Wenn Schuldner Unmöglichkeit beseitigen kann, darf Gläubiger auf Erfüllung drängen; wenn darüber hinaus Schuldner Verzug zu vertreten hat, darf Gläubiger Verzögerungsschaden nach § 280 Abs. 1 fordern.
    - (b) Wenn Schuldner nicht für temporäre Unmöglichkeit verantwortlich, diese aber erfahrungsgemäß bald wegfallen wird, darf Gläubiger nur zurücktreten oder Schadensersatz fordern, wenn ihm ein Abwarten nicht zugemutet werden kann.
    - (c) Wenn temporäre Unmöglichkeit in absehbarer Zeit wahrscheinlich nicht wegfallen wird, bestimmt Wahrscheinlichkeit des Wegfallens und Dringlichkeit für den Gläubiger ob Fristsetzung oder Schadensersatz statt der Leistung eintritt.
  - „Faktische Unmöglichkeit" nach § 275 Abs. 2 ist mit Normalfall gleichgestellt.
    - Wenn Schuldner erheblichen Aufwand betreiben müsste um Leistung doch erbringen zu können (Taucher müssten gekentertes, altes Tretboot im großen Ozean suchen).
  - Wenn Schuldner in Person leisten muss, dann muss zwischen Leistungshindernis und Leistungsinteresse des Gläubigers abgewogen werden für Unmöglichkeit (§ 275 Abs. 3).
    - Handwerker soll persönlich vorbeikommen, besucht aber kranken Angehörigen im Krankenhaus; wenn Rohrbruch vorliegt, dann wird gegen Handwerker entschieden, wenn lediglich Ausrichtung der Antenne, dann für Handwerker entschieden.
→ Personale Unmöglichkeit.

- **Grundsätzliche rechtliche Konsequenzen.**
  - Bei Unmöglichkeit nach § 275 Abs. 1 kommt Schuldner eine **Einwendung** zu Gute (bereits entstandener Anspruch darf wieder erlöschen).

- Bei faktischer oder personaler Unmöglichkeit nach § 275 Abs. 2 und 3 steht dem Schuldner die **Einrede** zu (Leistungsverweigerungs- oder Zurückhaltungsrecht des Schuldners).
=> In beiden Fällen erlischt die Leistungspflicht, Schuldverhältnis bleibt aber bestehen (§ 275 Abs. 4 i.V.m. § 280).
  - Wirksamkeit von Verträgen wird nach § 311a Abs. 1 nicht beeinflusst, wenn Schuldner nach § 275 Abs. 1 bis 3 nicht zu leisten hat.

- **Schadensersatz statt der Leistung und Herausgabe des sog. stellvertretenden Commodums.**
  - Wenn Schuldner Pflichten verletzt gesteht § 275 Abs. 4 dem Gläubiger Rechte nach §§ 280, 283-285, 311 und 326 zu.
  - Schuldner ist bei Vertreten der Unmöglichkeit nach § 280 Abs. 1 zu Schadensersatz verpflichtet.
  - Nach § 283 darf der Gläubiger Schadensersatz statt der Leistung ohne Fristsetzung verlangen, wenn Unmöglichkeit oder Fahrlässigkeit besteht.
  - Ist Leistungshindernis auf Teil der Leistung oder Qualität beschränkt, finden § 281 Abs. 1 Sätze 2 und 3 Anwendung.
  - Schadensersatz statt Lieferung nur, wenn an Teillieferung kein Interesse besteht oder keine unerhebliche Pflichtverletzung vorliegt.
→ § 281 Abs. 5 ermächtigt den Schuldner zur Rückforderung der Teilleistung.
  - Schuldner kann wegen Umstand, welcher zur Unmöglichkeit führte, bei einem Dritten Ersatz oder Ersatzanspruch verlangen (wegen Brand bei Versicherung).
  - Nach § 285 darf Gläubiger seinen Anspruch auf diesen Ersatz vom Schuldner verlangen.
→ „Stellvertretender Commodum".
  - Wenn Ersatzanspruch geringer ist als Schadensersatz, dann bleibt letzterer natürlich bestehen, wird aber um § 285 Abs. 2 um Wert der Ersatzleistung gemindert.

- **Ergänzung für gegenseitige Verträge.**
  - Wenn Gläubiger Schadensersatz als nicht ausreichend ansieht oder keinen Anspruch darauf hat, darf er auch vom Vertrag zurücktreten (§ 323 i.V.m. § 326 Abs. 5).
  - Wenn Leistung wegen Unmöglichkeit nicht erbracht werden muss, entfällt auch Anspruch auf Gegenleistung des Schuldners (§ 326 Abs. 1 Satz 1).
  - Wird lediglich ein Teil geliefert / geleistet, dann kann Gläubiger Recht auf Minderung des Kaufpreises geltend machen (§ 441 Abs. 3) (Anspruch auf Schadensersatz bleibt bestehen).
  - Nach § 326 Abs. 1 Satz 2 bleibt bei Schlechtlieferung der Anspruch auf Gegenleistung zunächst bestehen, um Käufern die Wahl zwischen einzelnen Rechtsbehelfen zu lassen.
  - Gegenleistung muss weiter erbracht werden, wenn Gläubiger für Unmöglichkeit des Schuldners oder Annahmeverzug verantwortlich ist (§ 326 Abs. 2).
  - Entstandener Schaden für Schuldner wird um anderweitig mögliche Beschäftigung und Materialersparnisse verringert.
    - Handwerker steht vor verschlossenen Türen und erleidet dadurch Schaden, für welchen er Schadensersatz verlangen kann. Hätte der Handwerker aber eine andere Arbeit annehmen können, mindert Verdienst den Schaden; Materialersparnisse mindern ebenso.
  - Wenn Gläubiger auf Herausgabe des stellvertretenden Commodums verlangt, dieser aber weniger Wert ist als vereinbarte Leistung, dann wird Gegenleistung entsprechend gemindert (§ 326 Abs. 3).
  - Teilweise oder ganz bewirkte Gegenleistung ist zurückzuerstatten (§ 326 Abs. 4).

- **Ersatz vergeblich gemachter Aufwendungen.**
  - In Fällen, bei welchen Gläubiger Schadensersatz statt der Leistung verlangen könnte, ist er nach § 284 berechtigt alternativ Ersatz für vergeblich gemachte Aufwendungen zu fordern.

- Architekt des Gebäudes macht bereits Pläne, dann erhält Auftraggeber keine Baugenehmigung, wegen Unmöglichkeit wird Architekt entlassen, darf dann Vergütung für Erstellung der Pläne verlangen.
  - § 284 sieht generellen Ersatz solcher „frustrierten Aufwendungen" vor.
- Da dieser Anspruch, den Anspruch auf Schadensersatz ersetzt, muss Schuldner Verhalten auch zu verschulden haben.
=> Ob Aufwendungen später wieder erwirtschaftet werden kann, ist für §284 irrelevant.
  - Schuldner kann aber nachweisen, dass Aufwand auch ohne Leistungsstörungen ihren Zweck nicht erreicht hätte, dann kein Ersatz zu leisten.
- Aufwendungen sind freiwillige Vermögensopfer, entstehen wenn Gläubiger Vertragsgegenstand erlangen wollte oder Gläubiger Vorbereitungshandlungen unternommen hat.
- Keine Aufwendungen sind entgangene Gewinne oder Kosten für wirtschaftliche Weiterverwendung.
- Nach § 254 Abs. 2 Satz 1 muss sich Gläubiger um Nachteilsbegrenzung bemühen, wenn also wegen Unmöglichkeit Schaden entsteht, muss bestmögliche Alternative gesucht werden und Gläubiger nicht vollen Schadenersatz leisten.
- Nachteilsbegrenzung gilt nicht bei erstrebten Freizeitgenuss.
  - Ehepaar wollte ins Theater und hat deshalb Babysitter engagiert, aber Theatervorstellung ist ausgefallen. Babysitter kann Gehalt nicht verlangen mit Argument, Eltern hätten auch Rockkonzert als Alternative wählen können.

- **Gläubigerverzug.**
  - **Voraussetzungen im Einzelnen.**
  - Gläubiger verzögert Erfüllung durch Ablehnung der Leistung (Gläubigerverzug / Annahmeverzug).
  - **Unterscheidung von drei Arten der Schuld.**
    - **Bringschuld**: Schuldner muss Lieferung an Adresse des Gläubigers liefern.
    - **Schickschuld**: Schuldner muss Lieferung nur auf den Weg zum Gläubiger „geben" (also an die Spedition oder Post übergeben).
    - **Holschuld**: Schuldner muss Ware lediglich bereitstellen, damit Gläubiger diese abholen kann (wörtliches Angebot an Gläubiger, dass Ware nun zur Abholung bereit steht).
→ Annahmeverzug kann erst nach tatsächlichem oder wörtlichem Angebot erfolgen.
  - Annahmeverzug tritt ein, wenn Gläubiger von vorne herein erklärt hat, dass er die Ware nicht abholen kann (§ 295).
  - Ist Mitwirkungshandlung des Gläubigers vereinbart (Fachmann inspiziert die Ware) und wird nicht eingehalten, dann tritt Annahmeverzug ein.
    - Ist Mitwirkungshandlung auf einen kalendermäßigen Zeitpunkt bestimmt und wird nicht wahrgenommen, dann beginnt Annahmeverzug auch ohne wörtliches Angebot.
  - Alle Möglichkeiten wie ein Annahmeverzug zustande kommen kann, unterliegen der Prämisse, dass Schuldner überhaupt leisten kann (§ 297).
→ Hat Schuldner Angebot der Abholung übermittelt, kommt es nicht darauf an weshalb der Gläubiger Annahme verweigert, damit Annahmeverzug zustande kommt.
=> Vertragsmäßiges Angebot kommt nicht zustande, wenn Schuldner Schlecht- oder Teillieferung anzubieten versucht.

- **Rechtsfolgen.**
  - Annahmeverzug beeinflusst Schuldverhältnis oder Erfüllungsansprüche des Gläubigers keineswegs.
  - Schuldner hat nur Recht auf Rücktritt oder Schadensersatz, wenn Gläubiger zur Abnahme verpflichtet ist, z.B. Kaufrecht (§ 433 Abs. 2).

- Zwei Möglichkeiten, wie sich **Rechtsposition des Schuldners** verbessern kann.
  - Schuldner kann bei Holschuld Vertragsgegenstand hinterlegen und somit ist seine Pflicht erfüllt, kann Gegenleistung verlangen.
  - Gemäß § 300 muss Schuldner lediglich grobe Fahrlässigkeit oder Vorsatz vertreten, wenn Unmöglichkeit zu vertreten hat.
    - § 300 Abs. 2 befreit Schuldner außerdem vor Leistungspflicht, wenn Gattungsschuld ohne grobe Fahrlässigkeit unmöglich zu erfüllen wurde.
  => Gemäß § 326 Abs. 2 bleibt Anspruch auf Gegenleistung erhalten, nach § 326 Abs. 6 darf Gläubiger auch nicht zurücktreten.

- **Der sogenannte Wegfall der Geschäftsgrundlage.**
  - Leistungsstörung ergibt sich auch, wenn sich Umwelt des Vertrages grundlegend ändert (bspw. Handelsboykott wird ausgerufen (und war nicht abzusehen)).
  - **Bedeutung von „Geschäftsgrundlage".**
    - (1) Parteien haben bestimmte Vorstellungen über Zukunft.
    - (2) Vorstellungen haben beide Parteien gemeinsam <u>oder</u> nur eine, aber die andere Partei erkennt und duldet sie.
    - (3) Geschäftswille (beabsichtigte Rechtsfolgen) muss auf Umstände aufbauen.
    - Einseitige Erwartungen und Wünsche bilden keine Geschäftsgrundlage.
    - Man kann im Vertrag vorsorgen, nur wird dies selten gemacht (wenn... dann Klausel).
  → Es geht um Umstände, welche vernünftige Menschen als selbstverständlich hinnehmen (Geldwertstabilität sowie politische Verhältnisse ebenfalls).
    - Wenn konkrete Vorstellungen über Umstände Vertragsinhalt wurden, dann liegt ein gemeinsamer **Motivirrtum** vor.
      - **Unbeachtlichkeit** ist kein Grund für § 119, da ansonsten jede Willenserklärung angefochten werden könnte (Wahrheit stellt sich immer etwas anders dar als erhofft).
  → Schutz der Verlässlichkeit geschäftlicher Beziehungen.

- **Weiteres.**
  - **Der Wegfall der Geschäftsgrundlage.**
    - Für Wegfall der Geschäftsgrundlage müssen sich von einer Partei übernommene Risiken in unvorhersehbarer Weise verändern.
    - Wenn vertraglich vereinbart / vorhergesehen gewisse Gefahren zu tragen, dann spielen diese keine Rolle.
  → Deshalb können sich Spekulatöre wegen § 138 nicht auf Wegfall der Geschäftsgrundlage berufen.
  - **Unzumutbarkeit.**
    - Wegfall der Geschäftsgrundlage ist nur von rechtlicher Bedeutung, wenn Festhalten am Vertrag für die eine oder andere Seite unzumutbar ist.
      - Wenn Geld in 3 Jahren 10% an Wert verloren hat, ist es für Darlehnsgeber unzumutbar einen Betrag zu erhalten, welcher 10% geringere Kaufkraft besitzt als ausgegebenes Darlehn.
  - **Einseitige Rechtsgeschäfte.**
    - BGH nimmt einseitige Rechtsgeschäfte wie Vermächtnis von dieser Regelung aus.
    - Wenn jemand Erbschaft aus der DDR ausgeschlagen hat, wegen Verwaltungsaufwand, dann darf er nach Wiedervereinigung nicht Erbschaft zurückverlangen.

- **Rechtsfolgen.**
  - **Anpassung des Vertragsinhalts.**
    - Nach § 313 Abs. 1 muss Vertrag an veränderte Umstände angepasst werden, üblicherweise durch Verhandlungen beider Vertragsparteien.

→ Bei keiner Einigung hat Richter case law, muss Unzumutbarkeit und bestmögliche Lösung bewerten.
- Im Einzelfall könnte Leistung der begünstigten Partei erhöht oder jene der belasteten Partei reduziert werden.
- **Rücktritt vom Vertrag.**
- Benachteiligter Partei tritt Rücktrittsrecht zu, wenn selbst eine Anpassung an Unzumutbarkeit nichts ändern würde (§ 313 Abs. 3 Satz 1).
- Um die Parade gut betrachten zu können mietet A ein Fenster mit Blick darauf. Als Parade umgeleitet wird und auf anderer Seite keine Zimmer mehr mit Blick darauf, dann Rücktritt gerechtfertigt.

- **Fallgruppen.**
- Unterscheidung in Äquivalenz- und Zweckstörung.
- **(1) Äquivalenzstörung.**
- Totales aus dem Lot geraten von Leistung und Gegenleistung durch Geldentwertung, politische Veränderung usw.
- Gilt auch, wenn Schuldner Sache nur mit erheblichen Aufwand (im Vergleich zum Wert) beschaffen und liefern könnte.
- **(2) Zweckzerstörung.**
- Leistung wäre zwar noch möglich, aber dem erkennbaren Zweck nicht dienlich.
- Stillschweigend wird oft eine Risikoübernahme vereinbart (Wenn Hochzeit nicht zustande kommt, darf Bräutigam vom Juwelier nicht Geld für Ringe zurückverlangen).
→ Einseitige Zwecksetzungen sind nicht zu beachten.
- Wenn Zwecksetzung sich eine Seite zu Eigen gemacht hat, dann gilt Rückfall auf Vertragswortlaut als Verstoß gegen Treu und Glauben.
- Gleicher Preis für eine Sache, welche erkennbare Zwecksetzung der anderen Vertragspartei nicht erfüllt, darf nicht verlangt werden (Zimmer mit Blick auf Parade kann teuer sein, aber neues Zimmer ohne Blick muss weniger kosten).
- Bei Leistungshindernis nach § 275 Abs. 1 und 3 haben Rechtsfolgen dort Vorrang.
- Fällt Geschäftsgrundlage für Dauerschuldverhältnis weg, dann wird Recht auf Rücktritt zu Recht auf Kündigung aus wichtigem Grund (§ 313 Abs. 3 Satz 2).

- **Kündigung von Dauerschuldverhältnissen aus wichtigem Grund.**
- Allgemeine Vorschrift des § 314 gilt nicht für Arbeits- und Dienstverhältnisse.
- § 314 verdrängt Rücktrittsrecht nach § 323.
- „Wichtiger Grund" kann Wegfall der Geschäftsgrundlage sein, dann hat Anpassung Vorrang.
- Kann aber auch in schuldhafter Pflichtverletzung liegen.
- Nach § 314 Abs. 2 ist Kündigung wegen Pflichtverletzung nur zulässig, wenn bestimmte Frist zur Abhilfe erfolglos verstrichen ist.
- Kündigungsfrist kann nur binnen angemessener Frist ausgeübt werden.
- § 314 gilt auch für Sukzessivlieferverträge, wenn bei einzelnen Lieferungen Pflichtverletzungen auftraten, welche Festhalten am Vertrag unzumutbar machen.

- **Beispielfall 1.**
- Wunderpsychologe verspricht der A innerhalb von acht bis dreizehn Wochen dafür zu sorgen, dass sich F wieder in sie verliebt. A bezahlt € 1.5k im Voraus, jedoch verliebt sich F nicht in die A. Als A nachfragt, sagt Psychologe, dass dieser Fall besonders schwer sei und weitere acht bis dreizehn Wochen beanspruchen werde, natürlich für weitere € 1.5k. A erklärt, das Ganze sei Quacksalberei und verlangt das Geld zurück. Zu Recht?

- **Beispielfall 2.**
  - Am 28. Feb. 1990 vereinbart eine Tanzkapelle mit einem Karnevalsverein, dass am 7.2. und 11.2.1991 für den Karnevalsverein in der Gemeinde G aufgetreten werden soll. Dabei wurden 70% und 75% des Eintrittspreises als Vergütung vereinbart. Wegen dem Golfkrieg kann die Gemeinde G keine Halle zur Verfügung stellen und Tanzkapelle verlangt vom Karnevalsverein DM 12k Schadensersatz, da ihnen dies als Minimum zugesichert wurde. Mit Aussicht auf Erfolg?